가족이 있는 풍경

가족이 있는 풍경

김잠복 수필집

수필과비평사

| 작가의 말

요즈음 손주 사랑에 푹 빠져 지낸다. 결국, 읽고 쓰는 시간은 많이 줄었지만, 버금가는 또 다른 의미와 즐거움이 늘었다. 어린 손녀 눈에 비친 신비의 세상, 그 순백의 도화지에 그리는 동심의 세계를 시인의 눈으로 바라본다. 초롱초롱한 눈망울에 눈높이를 맞추고 있으면 나까지 투명하고 순수한 영혼으로 존재할 수 있어서 좋다.

첫 수필집『빈들에 서다』를 낸 지 4년 만이다. 요즘같이 인쇄물이 쏟아지는 시대에 나까지 종이책을 더하는 것 같아 한참을 망설였다. 하지만, 못난 자식도 자식인지라 그냥 내칠 수가 없어 '정리해서 묶는다.'는 의미로 출간을 결심했다. 마침내 미루던 숙제를 마친 학생 기분이다.

『가족이 있는 풍경』은 내가 그간 살아오면서 보고 듣고 경험한 것을 세상에게 묻고 삶이 대답해 준 것들이다. 비록 표현이나 문장은 매끄럽지 못하지만, 다행히 지난번 수필집에 비하면 내용은 많이 밝아졌다. 이는 참척의 가슴을 가진 환자를 문학으로 치료한 의사의 약발일 것이다.

'문학'이라는 병원을 찾은 것은 운명이었다. 2008년 5월, 나는 순식간에 딸아이를 하늘정원으로 보내고 속으로 피를 철철 흘리는 중환자였다. 세상과 빗장을 걸고 원망의 목소리는 하늘을 찔렀다. 그때 만약 수필을 만나지 않았다면 나는 어찌되었을까. 생각만 해도 아찔하다.

중환자실에서 일반 병실로 옮겨, 마침내『가족이 있는 풍경』을 묶기까지. '수필'이라는 당의정으로 치료에 도움을 주신 홍억선 교수님께 지면을 통해 감사인사를 드린다.

2017년 가을

김잠복

| 차례

1부
가족이 있는 풍경

2부

맹물

3부

땅따먹기

4부

명태의 변신

1부

가족이 있는 풍경

김이 모락모락 나는 찌개를 중심으로 다섯 식구가 둘러앉았다. '아, 가족이란 바로 이런 거구나.' 하는 느낌에 울컥했다. 이마를 가까이 대고 고슬고슬한 밥 위에 생선 살을 발라 서로에게 올려주는 식탁 풍경이라니….

가족

내일모레가 추석이다. 오랜만에 가족이 한자리에 모여 조상님의 음덕에 감사하며 차례와 성묘를 올리는 추석 명절이다. 이미 고속도로 귀성길은 정체 현상이 시작되었다고 한다. 고향을 찾는 사람들의 행렬이 긴 꼬리를 물고 거북이걸음이다. 연어가 회귀하듯, 그리운 가족과 고향을 향한 발걸음을 옮기는 대이동이 시작되었다.

누구랄 것도 없이 가난이 묻어나던 그 옛날, 추석이면

온 가족이 둘러앉아 명절 맞이 송편을 빚었다. 불린 쌀을 동네 방앗간에서 곱게 빻아 떡가루를 반죽해 소원을 빌듯 동글동글 양손으로 비비며 공을 들였다. 여자아이는 송편을 곱게 빚어야 잘생긴 신랑감을 얻는다는 어른들의 속설에 손목이 빼근하도록 정성을 다하던 기억은 어제 일 같다.

추석 명절이 다가오면 문간방 아랫목에는 어김없이 밀주가 익어갔다. 쌀을 씻어 고두밥을 찐 뒤 누룩을 섞어 정성으로 밀주를 빚으시던 어머니는 심상찮았다. 아무도 몰래 검정색 낡은 군용 담요로 덮어 귀한 손자를 어루만지듯 문간방 구석으로 옮겨두고 숨소리조차 낮추며 술이 익기를 기다리셨다.

밀주 금지령으로 감춰둔 항아리에서 술 익는 소리가 뽀글뽀글 새어 나오고 특유의 내음이 나기 시작했다. 그러면 혹여 단속반이 들이닥칠까 봐 엄마는 애간장이 타서 핏기 가신 얼굴에다 새가슴이었다. 단속반에게 들키는 날은 만만찮은 벌금형이 떨어진다는 것을 알기 때문이었다. 그러나 가족이 다 모이는 명절날, 조상과 산 사람을 동시에 대접하는 유일한 음식이 밀주였으니 어쩌랴.

휘영청 보름달이 동쪽 산 위로 보기 좋게 떠오른 추석날 저녁이면 동네 한가운데는 가설무대가 꾸며졌다. 달빛 아래 일찌감치 저녁밥상을 물린 가족들은 손에 손을 잡고 무대 앞으로 모여들었다. 한창 잘 나가는 남진, 나훈아, 이미자 가수보다 더 열창할 '콩쿨대회'가 열리기 때문이었다.

동네 젊은이 중에 노래 좀 한다는 이는 다 모여들었다. 가족 중에 노래 잘하는 이가 있는 집은 초저녁부터 흥분의 도가니에 빠졌다. 반짝반짝 진열해둔 상품에 은근히 눈독을 들였던 참가자들은 더 신명 나게 몸을 흔들거나 목청을 가다듬어 솜씨를 겨루었다. 여름내 힘들었던 농사일에서 벗어나 추석날만이라도 열광하던 콩쿠르는 텔레비전조차 귀했던 시절에 단합된 가족애를 확인하는 유일한 잔치였다.

내 친구 '길순이'의 큰언니 '부순이'는 콩쿨대회에 단골가수였다. 「동숙의 노래」, 「섬마을 선생」을 워낙 간드러지게 부르는 바람에 참가만 했다 하면 노상 일등을 독차지

했다. 상품으로 받은 큼지막한 양은 함지박을 머리에 이고 온 식구가 덩실덩실 춤을 추며 집으로 돌아가던 뒷모습을 얼마나 부러운 시선으로 바라보았는지 모른다. '부순' 언니처럼 상을 타고 싶었지만, 우리 가족은 꿀 먹은 이미자 벙어리나, 짝퉁 남진이조차 흉내 내지 못한 채 침만 삼켰다.

'부순' 언니의 노래 실력은 결혼한 후에도 계속 이어졌다. 어느 해 추석에는 요즈음 잘나가는 '하정우'란 남자배우만큼이나 멋진 신랑과 어린 딸까지 대동하고 트로트를 메들리로 부르는 바람에 변함없이 대상을 차지했다. 당연히 가족은 스타 취급을 받았고, 잘생긴 신랑의 엉덩이 춤사위는 거의 가관이었다. '부순' 언니의 송편 빚는 솜씨가 특출해서 그리 멋진 신랑을 얻었을까 궁금했지만, 여태껏 물어보지 못했다.

추석은 오랜만에 온 가족이 한자리에 둘러앉을 수 있는 것만으로 충분히 행복했다. 지난 이야기로 웃음과 사랑이 넘치는 '가족'이라는 이름 앞에는 삶의 속살들을 다 내보이고도 전혀 부끄럽지 않았다. 정성으로 만든 음식을 앞에 놓고 나누는 정겨운 대화, 송편 하나 밀주 한 잔에 추석 명절이 넉넉했다.

요즈음 같은 현대에는 그립고 먼 이야기가 되었다. 정겹던 옛 시절은 지나 고향에는 연로한 어른들만 덩그러니 남아 근근이 마을을 지킬 뿐이다. 도시의 젊은 주부들은 명절이 아니라 '노동절'이라며 불평 섞인 목소리를 낸다. 안타까운 일이다.

세월이 많이 흘렀다. 나도 어느새 아들 내외와 손녀를 기다리는 고향 할머니 신세가 되었다. 서울에서 꼬박 예닐곱 시간을 힘들게 달려오는 아들네가 저녁나절쯤에나 당도한다는 소식에 가슴이 뜀박질이다. 며칠 전부터 김치를 새로 담그고, 각종 나물이며 밑반찬을 냉장고 가득 채워두고 서울 식구를 기다린다. 이게 다 나이 들어가는 증거다 싶다가도, 세상에 내 핏줄을 만나는 일만치 기분 좋은 일이 없으니 가슴 벅차기만 하다.

내일은 일찌감치 큰댁 질부네로 가서 명절 일을 도울 것이다. 일가친척끼리 혈육의 정분을 나누는 기회는 일 년을 두고 많지 않다. 추석 명절만큼이라도 친척들이 둘러앉아 송편을 빚거나 전을 부치며 서로에게 마음의 '콩쿠르상'을 주는 것도 좋을 성싶다. 그간에 힘들었던 일은 용기의 말로 쓰다듬거나 다독여주는 배려의 손길을 내밀어 볼 일이다.

'가족'이란 말만 떠올려 들어도 가슴 설레는 한가위다. 같이 차례상을 거들고 뒷설거지를 나누어 할 수 있는 가족이 있다는 것은 축복이고 행복이다.

내가 이 글을 쓰고 있는 동안 집 앞에 서울 가족이 도착했다는 기별이 왔다. 가슴속에 우주만큼이나 커다랗고 환한 보름달이 두둥실 떠오른다.

가족이 있는 풍경

연휴를 맞아 서울에서 아들네가 내려왔다. 승용차를 몰고 천릿길을 한나절이나 달려왔다. 갓 돌을 지낸 손녀를 데리고 나선 걸음은 무척 힘들었을 테지만, 내겐 세상없이 반가운 선물이다. 혈육은 언제 어디서 만나든 꽃이고 잎이다.

하던 일을 밀치고 버선발로 나가 맞았다. 제 어미 품에 따개비처럼 찰싹 달라붙어 곤히 잠든 아이를 보석을 훔치듯 끌어당겼다. 어느 별에서 온 천사가 이리도 고울까. 풀잎 같은 어린 볼에 늙고 거친 내 얼굴을 갖다 댔다. 남들이 보면 호들갑이 과하다 할지 몰라도 이건 순전히 본능적으로 끌어당기는 자석 같은 힘이었다. 누구를 의식해서 억지로 감정을 자제하지 않아도 될 할머니가 된 모양이다.

온 집안이 금세 활기를 띤다. 적막강산이던 공간이 벌떡 일어나 생기가 돈다. 졸고 있던 거실 공기가 순식간에 일어나 설레발을 친다. 며칠째 베란다에 군자란 꽃이 필까 말까 망설이던 참이었는데 오늘은 아침부터 일시에 망울을 터뜨리지 않았는가.

남편과 아들은 가지고 온 짐을 정리하고, 며느리는 아이에게 수유를 하는 동안 나는 저녁 밥상 준비를 시작한다. 며칠 전부터 딴에는 솜씨를 부려 몇 가지 밑반찬을 준비했다. 손길이 많이 들어간 생선전은 냉동실에서 꺼내 새로 익히고 고사리와 물미역, 시금치나물은 삼색으로 정갈하게 담는다. 이제 어묵조림을 데우고 생선찌개 끓일 일만 남았다.

한창 김치냉장고에서 곰삭아 맛이 깊어진 김장김치를 내고, 살얼음이 낄 만치 시원한 식혜는 후식으로 낼 것이다. 김치에 찌개 한 가지만 있으면 평소 우리 부부는 다른 찬이 그다지 필요 없지만, 자식은 더 신경이 갔던 것이다.

김이 모락모락 나는 찌개를 중심으로 다섯 식구가 둘러앉았다. '아, 가족이란 바로 이런 거구나.' 하는 느낌이 울컥했다. 이마를 가까이 대고 고슬고슬한 밥 위에 생선 살을 발라 서로에게 올려주는 식탁 풍경이라니…. 나는 이 순간을 행복이라 부른다. 이런 순간이 모여 가족은 진정한 혈육의 울타리를 더욱 탱탱하게 치게 되리라.

가족은 혈육과 인연으로 만난 이들이 함께 밥상 앞에서 영혼을 나누고 살찌우며 돈독한 정을 확인하는 것이다. 어미가 주는 것을 납죽납죽 받아먹는 아이, 입이 오물거릴 때마다 '아이구!' 라는 탄성을 지르며 가족은 익어간다. 아이가 장난감에 정신을 팔다가 동그란 눈으로 살짝 뒤돌아보며 웃어주는 재롱에 온 식구가 까무룩 잦아지는 웃음소리가 이중 창문을 훌쩍 넘어간다.

아들은 몇 해 전에 짝을 만나 인륜지대사를 치렀다. 이듬해 손녀가 태어나고부터 한결 믿음직한 가장으로서 철이 들어가는 모습을 본다. 자식이 자기 자식을 낳고 길러봐야 제대로 철이 든다는 옛 어른들의 말씀이 어느새 내 가슴에 똬리를 튼다. 저희도 이제 가족을 알아갈 것이다. 그래서 황금연휴를 우리가 있는 울산에서 보내겠다고 한달음에 달려온 며느리의 진심이 살갑고 사랑스럽기만 하다.

며느리가 처음 우리 집 문턱에 발을 들여놓았을 때를 떠올리면 입꼬리가 절로 올라간다. 한눈에 인연을 직감했다. 요즘 젊은 사람답지 않게 나지막한 말씨와 선한 눈빛이 주는 편안함에 매료되었다. 예비 시어른의 목도리를 손수 털실로 짠 것을 선물로 준비한 그 섬세함에 오롯이 녹아들었다. 송곳니를 드러내어 웃을 때는 세상 근심을 순식간에 백지로 만들기에 충분했다. 생각할 여지가 없었다.

모르는 사람한테는 경박한 호들갑으로 들릴 수 있겠지만, 내 솔직한 속내를 감추거나 자제하지 않아도 되는 사실이어서 일부러 내숭 떨 생각은 없다. 그간 나는 두어 번

글에서 남편과 아들을 은근히 자랑하며 데려온 적이 있긴 하지만, 턱없이 과장하지는 않았다. 자연스러운 일상을 나열한 것에 불과했었다.

가족은 하나의 나라와 같다. 가족 간에 불만이 있다고 밖에 나가 미주알고주알 털어놓는다면 그건 나라의 기밀을 밖에서 누설하는 것이나 같은 행위일 것이다. 가족문제는 그 안에서 서로 이해와 사랑으로 극복할 일이다. 단 며칠간만이라도 서로 마주하며 가족을 익히겠다는 며느리의 갸륵한 심성에 높은 점수를 주지 않을 수가 없다.

앞으로 살다 보면 오해할 일이 생길 수 있을 것이다. 그러나 우리가 어른답게 사랑과 이해로 바라보면 지혜로운 답을 얻을 수 있을 것이다. 내가 먼저 마음의 문을 열어 식구를 품을 때 어지간한 얼음이야 봄눈 녹듯 하리라. 요즘 젊은 여자들은 시댁 쪽이라면 거부하고 밀어내는 습성이 있어서 '시금치'조차 꺼린다는 말은 그냥 하는 말로 치부하고 말련다.

서울 식구가 떠나기 하루 전인데 금단 증상이 일어날 정도로 마음이 허허로웠다. 아이를 사랑하는데도 마약과 같은 중독 현상이 있는 것일까. 막상 내일이면 돌아간다는 것에 마음이 텅 비어 숭숭 구멍이 생겼지만, 남편이나 나나 서로 속내를 감추려고 애쓰고 있었다.

어쨌든 아들 내외는 서울로 돌아갔다. 아들네를 저만치 바래다주고 계단을 오르는 내내 우리는 서로 침묵만 지켰다. 온 집안의 훈기는 그들이 떠나자마자 급속도로 식어갔다. 다시 빈집이 되었다.

집안은 다시 적막강산이다. 엄연히 남편과 내가 있고 아들네만 빠져나갔을 뿐인데 그 빈자리가 온통 집안을 점령해서 빈집이라고 표현한다. 조금 전까지 온 집안을 꽉 채우고 재잘대던 장소에 꿀 먹은 벙어리가 된 두 늙은이만 속빈 공기를 움켜쥐고 어슬렁거린다.

절간 같은 집에 어둑발이 치기 시작한다. 햇살이 물러간 거실에 물빛 같은 그늘이 밀려든다. 더 어둡기 전에 저녁밥상을 차렸다. 팬에 기름을 둘러 전을 다시 데우고 국을 뜨겁게 덥혀보지만, 낮에 온 식구가 같이했을 때보다 찬은 이미 미각이 사라진 뒤다. 수저질은 하지만 입으로 들어가는 속도나 음식물을 넘기는 것이 느리기만 하다.

새삼 적막을 느끼는 나이가 되었다. 이런 사실이 슬프지만, 겸허하게 받아들이는 데 시간을 쓰려 애쓰고 있다는 사실 또한 소중히 여기며 살리라.

아들 내외를 보내놓고 생각 끝에 손전화기를 최신 스마트 폰으로 바꾸었다. 영상을 통해서라도 가족이 자주 만날 수 있도록 거들어 줄 문명의 기계를 소중하게 만지작거린다.

서울 집에 도착할 때를 기다렸다가 영상통화를 해볼 작정이다. 그때 화면에는 가족이라는 꽃이 계절을 망각한 채 화르르 순식간에 함박웃음으로 피어날 테니.

단풍들다

며칠 전, 서울에서 돌아오던 중 고속도로 휴게소에 들렀을 때다. 평일인데 휴게소 안은 마치 설 대목 시장처럼 사람들로 북적댔다. 주차장은 각처에서 달려온 미끈한 관광버스가 사열해 있고 식당가나 화장실은 초만원이었다.

화장실 앞에서 차례를 기다렸다. 주변 사람 대부분은 마치 약속이나 한 듯 붉은색 상의에 예쁜 모자와 스카프로 치장한 것이 '단풍놀이'에 나선 이들이 분명했다. 그런데 저만치 화장실 안 한쪽에 마련된 거울 앞 풍경에 자꾸 시선이 꽂혔다. 그 복잡한 공간에서 얼굴을 거울에 갖다 대고 연신 분첩을 토닥거리고 립스틱을 바르며 유난을 떠는 사람들이 있었다. 내가 힐끔힐끔 쳐다보자 오히려 '나 예뻐?' 하는 표정이 나를 더 의아하게 했다. 은연중에 안 사실은 모두가 칠십대 '시니어 단체'라는 사실에 더 관심이 갔다.

서로 무릎관절이 탈이 났다고, 허리가 아파 죽을 맛이라고 하소연을 하면서 시선은 연신 거울 속 얼굴을 분칠하는 데 정성을 다했다. 여자는 본능적으로 죽을 때까지 '예쁘다.'는 소리를 원하는 건 빈말이 아니었다. 취기 때문인지는 몰라도 모두가 발그레하게 흥분된 얼굴로 화장실을 나서는 그들 등 뒤에서 '여자'를 읽었다.

그랬다. 육신은 이미 인생이란 가지에 달린 단풍잎 신세가 됐다지만, 곱게 보이고 싶은 마음이 왜 없을까. 젊어 한때 곱던 얼굴과 펄럭거리던 에너지는 식구들한테 다 내어주고 낡은 몸뚱이는 소슬바람에도 꽃비로 지는 단풍이 파리 숙명인 것을. 붉은 웃옷에 분단장하고 싶은 것이 아직은 '여자'라는 솔직한 본능이리라. 광장을 가로질러 조심스럽게 걸음을 옮겨가는 풍경은 마치 샛바람에 팔락거리는 철부지 소녀의 치맛자락처럼 여리고 예뻤다.

끼리끼리 어깨를 비비며 하찮은 우스갯소리에 아이처럼 깔깔 맞장구를 친다. 누군가가 "사랑하기 딱 좋은 나이"라고 부르는 한 소절의 유행가에 약속이나 한 것처럼 몸짓 손짓을 더해 가며 목소리를 가다듬는다. 그들의 유흥은 누가 먼저랄 것 없이 함께 어우르고 쓰다듬었다.

그 세대 아낙들은 유교적인 가부장제에 억눌리고 무시 아닌 무시를 당해가며 지낸 질곡의 삶이 대부분이었다. 한 집안의 며느리는 부모 봉양이 당연하고 아랫세대한테는 섬김받지 못한 억울한 시대를 산 증인이다. 지지리 가난했던 살림살이에 에오라지 가족을 위해 젊음을 송두리째 반납하느라 정작 본인 인생은 대책 없는 미래였다. 어느 날 문득 거울 속에 비친 늙은이가 자신인 것에 회한과 탄식이 밀려왔을 가련한 늙은이가 아니던가.

서리가 한 움큼씩 내린 푸석하고 성근 머릿결에 수분을 잃어버린 얼굴은 거울 속에서 마치 삼베수건을 쥐어짠 듯

볼품없이 초라해 저절로 한숨이 나왔으렷다.

현대는 여자들이 대접받고 살지만, 예전에는 그렇지 못했다. 남정네들만 인간다운 대접을 받았던 것을 보고 들은 나로서는 부정하지 않겠다. 누가 그들의 지난했던 삶을 감히 알아줄까. 그런 자신이 안쓰러워 몸부림치듯 법석을 떨어보는 단풍놀이, 그 유흥이 단순한 '놀이'만은 아니라는 것에 코끝이 다 찡하다. 어쩌면 신명 같고 어쩌면 억눌린 한을 쏟아내는 것 같은 몸짓이 애처롭기까지 하다.

그들은 이미 달리는 관광버스 안에서 몇 순배쯤 술잔을 돌렸을 것이다. 「고장 난 벽시계」 같은 유행가는 절규하듯 가슴 맞대어 외쳤을 거다. 달리는 버스 안에서 신명으로 뒤뚱거리다가 헐렁해진 허리춤을 몇 번이고 추슬렀을 거다. 본래 우리 민족은 춤추고 노래하기를 좋아하는 기질은 타고났다고 하지 않는가. 아직 가슴은 여자이고 청춘인 것을 감히 누가 나무라고 싶을까. 그렇게 한참이나 정신을 팔고 있다가 나는 하마터면 울산행 버스를 놓칠 뻔했다.

나 역시 인생의 가을이 진행형이다. 그래서일까. 유독 올가을은 근처 문수체육공원 산책길을 조석으로 드나들다시피 한다. 호반광장 산책로를 따라 붉은빛 물감을 쏟아 부어놓고 있는 단풍은 곱다기보다 요염타는 표현이 더 어울린다. '바사삭' 튀긴 감자칩처럼 마른 단풍으로 꾸민 마로니에 낙엽 거리는 찾는 이에게 사색에 젖게 만드는 마력을 지녔다. 그 길 끝자락은 대숲과 누렇게 물든 칠엽수가 숲을 이루고 사이사이로 나무의자를 내어주며 편히 쉬어가라고 한다. 여기서는 누구라도 궁둥이를 붙이고 느긋하게 휴식에 들어도 좋을 것이다. 왠지 여기서는 법력 높은 고승이나 선비와 함께하고 있다는 기분이다. 느릿한 걸음으로 오솔길에 접어들었다가 다시 비스듬한 언덕배기에 이르면 노랗게 물든 은행나무 숲이 축제 분위기로 사열해 있다. 이파리를 분분히 날리며 노란색 카펫을 길게 깔아놓은 그 길로 나는 마치 영화 속 주인공처럼 우아하게 가을을 걷느라 시간 가는 줄을 모른다. 이러니 구태여 먼 곳을 찾는 '단풍놀이'가 내겐 사치일 수밖에.

가을도 단풍도 끝자락이다. 이 가을, 그대의 나무는 어떤 색깔로 물들이고 있는지 묻고 싶다. 가지를 떠나 대지로 돌아가는 그날까지 남은 에너지를 죄다 길어 올려서라도 인생이란 임의 단풍을 곱디곱게 물들이시길….

거실 벽에 걸린 달력 한 장이 O. 헨리가 그려낸 마지막 잎사귀처럼 간당거린다.

새해맞이

새해, 해맞이를 한다. 밤새 잠을 설치며 날이 밝기를 기다리다가 옥상으로 오른다. 아직 열리지 않은 문이 열리기까지 가슴속은 둥둥 북소리를 낸다. 시선은 동쪽 하늘을 지키고, 머릿속은 새날을 온통 꽃길로 엮는다. 새해를 맞이하는 이 순간을 엄숙하고 경건한 마음으로 영접하고 싶다.

신비의 문이 열리듯 해는 곧 동쪽 하늘을 열어젖히고 한 해라는 선물, 환희에 찬 희망의 메시지를 던지며 떠오른다. 나는 감사함에 두 손을 가슴으로 모은다. 새해가 주는 그윽하고 감미로운 영혼의 빛은 마음 깊숙한 곳까지 쏟아져 들어올 때 저절로 미소 짓는다. 마침내 나와 가족의 삶이 꽃처럼 잎처럼 피어나기를 소망한다.

TV 화면에서는 사람들이 새해맞이를 하느라 높은 산을 오르고, 먼 곳 바다를 찾아 길을 나선다. 그 바람에 도로는 어디를 가나 북새통이다. 이는 조금이라도 빨리 더 간절하게 해맞이를 하기 위함일 테다. 그런 사람들 대열에 나까지 끼어들어 번잡함을 더할 필요까지 있을까 싶다. 내 집 옥상에서 맞는 오붓한 해맞이가 절대 부족함이 없다.

해가 동쪽 하늘을 열고 나올 때면 마음과 눈길을 끌어 저절로 양손을 가슴으로 모은다. 존재에 감사하며 어제를 고백하는 것을 잊지 않는다. 기뻤던 날, 고통스러웠던 날, 속눈물을 흘려야 했던 지난 시간은 다 '과거'가 되리. 내 삶이 신의 눈으로 봐서 벌을 주고 상줄 일도 없었다면 그것으로 만족할 일이다. 그다지 지옥에 떨어질 만큼 나쁜 짓을 한 적 없었고, 애써 천당에 가려고 유난 떨지도 않았다. 바라건대, 새날은 내가 하고자 하는 일에 정성을 다하도록 할 것이고 사색과 사유의 뜰이 나날이 풍성하기만을 소원한다.

이렇게 순수하고 간절한 마음으로 해를 대하는 시간이 일 년을 두고 몇 번이나 될까. 이 순간을 위해 밤새 잠을 설쳐 날이 밝기만을 기다리지 않았던가. 엄숙하면서 맑고 순수한 영혼으로 새날 앞에 섰다. 이보다 더한 의미와 감동이 일 때는 다시없으리.

새해, 해맞이는 일 년에 단 한 번뿐이다. 일 년 365일, 열두 달이란 구슬을 몽땅 선물로 받아 목에 거는 순간이라 하겠다. 새로운 한 해, 내 삶의 하루하루가 진주처럼 맑고 영롱하게 엮어져 빛나기를 기도하는 의식이 된다. 선물을 건네주는 손님 앞에서 나는 그것을 받는 주인공이 된다. 이제 나는 어제를 벗어버리고 새 옷으로 갈아입는다.

온 마음으로 옷매무새를 여민다. 지금, 해를 향해 마주할 수 있을 때, 가슴을 활짝 열어야 하리. 시작을 알리는 신 앞에 두 손을 모으면 내 머리부터 발끝까지를 쓰다듬는 손길을 느낀다. 용기와 격려로 다가오는 당신에게서 '두려워 마라, 나는 너를 믿을 것이다.'라는 신의 말을 듣는다.

동쪽 하늘이 조금씩 붉어져 진통의 시작을 알린다. 천지가 숨을 죽이는 시간, 하늘이 문을 열기 시작한다.

살아 있는 이 눈부심이여! 나는 감사하는 마음에 선 자리에서 지그시 눈을 감고 손을 모은다. 붉은빛이 마치 감미로운 선율의 음악처럼 다가와 안기는 순간이다.

가슴이 벅차오른다. 이는 온 우주, 생명이 있는 미물에게까지 스며드는 아름다운 시가 되고, 음악이 된다. 신이 건네는 눈부신 메시지, 새 출발을 알리는 이 거대하고 황홀한 선물을 통째 건네받는 기분이라니…. 아, 하는 탄성이 절로 나온다.

무엇이 이보다 더한 황홀함으로 한꺼번에 쏟아질 수 있단 말인가. 지금 이 감동의 기운이 365일 내 삶의 밑거름 되어주기를….

떨리는 가슴으로 한 해를 건네받는다. 지금은 바로 그런 시간이다.

솔개와 도도새

"집밥이 최고!"라고 엄지손가락을 치켜세운다. 삼시 세끼 마주하는 밥상이 저리 좋을까. 공깃밥 하나를 게 눈 감추듯 비우고 벌떡 일어나 설거지를 한다.

살림에 재미를 붙인 그이다. 통장 관리나 가계부 감사는 기본이고 냉장고며 싱크대, 베란다 화분을 애첩처럼 끼고 산다. 햇살이 도타운 날은 장롱 속 이불을 내다 널고, 먹구름이 지나치다 소나기라도 뿌릴라 치면 물청소를 한

답시고 바짓가랑이를 거침없이 걷어 올린다. 전기세를 아껴야 한다며 냉장고 속 음식물은 반만 채우고 행주와 수저, 물 컵 같은 주방 도구는 팔팔 끓는 물 소독이 최고라는 잔소리를 액세서리처럼 달고 산다.

늘그막에 새삼스럽게 시집살이다. 아내가 하는 일마다 무에 그리 성에 차지 않는지, 이래라저래라 하는 일마다 토를 단다. 묵은 정이 든 세탁기와 원래 천성이 싹싹한 청소기는 이미 그의 동지가 되고, TV 리모컨 '조종사 자격증'은 진즉 인정해 주고 말았다.

이렇게 온 집안 살림을 명경 보듯 훤하게 들여다보는 것도 모자라 35년 차 주부구단인 나까지 가르치려고 든다. 귀가 싫어하는 잔소리를 피해 잠시 옥상을 둘러보는 그새 "어딨노?" 하며 소리를 지르니 이를 어쩌랴.

3년 전, 그이는 다니던 회사를 정년했다. 아직은 허우대가 멀쩡하건만, 나이 연식에는 어쩔 방도가 없었다. 오랫동안 해온 직장생활에서 벗어나 모처럼 자신만의 평온하고 달콤한 휴식을 누리는 사람한테 간섭일랑 하지 말자고 작정했다.

하지만 그 마음은 잠시였다. 항시 집안에서 고인돌로 지킨다는 것에 실실 짜증의 수내기가 자라났다. 그런 내 속내를 아는지 모르는지 정작 본인은 "만고강산 쉴 곳은 내 집이 최고지, 지금은 사랑하기 딱 좋은 나이지"라는 식의 콧노래를 흥얼거릴 때는 머리가 욱신거리고 숨이 턱턱 막혀 짜증이 절로 난다.

어지간히 금실 좋은 부부도 매일 시멘트 상자 같은 한정된 공간에서 지내다 보면 별것 아닌 일로 토닥거리게 된다. 게다가 남자가 잔소리까지 달고 산다면 어찌 곱기만 할까. 티끌만 한 일조차 견해차가 생기고 감정의 불꽃이 튕겨 '번쩍' 칼 소리가 나기 일쑤다. 요즘 같은 철에야 텃밭으로 나가버리면 그만이지만, 한겨울에는 그마저 쉬니 더 힘이 든다. 한창 아이들 키워가며 바쁘게 사는 젊은 사람들에게는 호사로운 푸념으로 들릴 수 있어서 미안한 마음이기도 하지만. 정년 이후 호떡처럼 집안에 눌어붙어 지내는 남자와 살아본 이라면 훨씬 상황 이해가 빠를 것이다.

요 며칠 전에는 자잘하게 부서지는 맨몸의 햇살을 집안

으로 들이려고 잠시 창문을 열어둔 그새 염치없이 왕파리가 들어왔던 모양이었다. 하찮은 파리 한 마리를 두고 '살생이냐, 방생이냐.' 의견이 분분하다가 그만 '타닥' 합선을 일으켜 점심까지 출출 거르며 한나절 내내 텃밭에서 개겼다. 각자 알아서 해결하자는 식으로 그날 게임을 끝냈다.

남편은 퇴직 후 바로 전직을 준비했었다. 적성과 취향에 맞고 조건이 상반한 곳에 두어 차례 응모했다가 마지막에 고배를 마셨다. 또 다른 몇 군데에서 제안이 있었는데 한 곳은 과분한 대우와 조건이었지만, 본인이 감당하기에 버거울뿐더러 너무 거친 직종이란 이유로 거절 혹은 사양을 했다. 비록 보수는 적어도 좀 여유 있고 취향에 맞는 소일거리를 원하는 눈치였다. 하지만 입에 맞는 떡이 어디 있겠는가. 본인의 입장만 내세우는 것으로 보여 그냥 지켜보기로 했다.

성격상 웬만한 일에 엄살 부리지 않고, 외부로부터 오는 변화에 그런대로 잘 적응하는 나와는 달라도 많이 다른 그이다. 마음이 닿지 않는 일에는 흥정조차 꺼리는 천성에다 속내를 쉬 내색하지 않는 사람임을 잘 안다. 그럴 바엔 수년간 전쟁터나 진배없는 직업전선에 몸담고 지낸 탓에 건조해진 정서를 늦게나마 맑고 고운 색깔이 스며들기를 거들 생각이었다.

그러면서 간사하게 지금이라도 눈과 마음의 높이를 낮추고 취미든 일이든 찾아 현관문을 걸어나갔으면 하고 바랐다. 그 덕에 늘그막에 신선한 활력소, 제2의 인생 설계를 추구하는 기회가 되었으면 싶었다. 어찌 보면 그것이 순전한 내 이기적인 생각일지도 모르겠지만 말이다.

새로운 출발 선상에서 자기 스스로 내려놓고 낮추는 고통은 따르기 마련이다. 그렇지 못한다면 도태와 퇴화는 금방일 테다. 요즘 들어 이따금 마른입을 쩍쩍 다시는 그를 본다. 바람 빠진 풍선처럼, 날개 부러진 새처럼 자신을 거실바닥에 착 달라 붙이고 옴짝달싹하지 않고 지내는 것이 안쓰럽기까지 하다.

주변에서는 지금이라도 부부가 같이 마지막 승부수를 던져보라고 응원이지만, 그럴 생각은 조금도 없다.

그만한 경제적 여유도 없거니와 타고난 성품이 주변을 두루뭉실 아우르지 못하는 '소신형'이라 CEO 기질은 아닌 것을 알기 때문이다.

솔개는 약 70세의 수명을 누린다고 한다. 수명이 40년에 이르면 갈림길에 선다고 한다. 그대로 죽든가, 아니면 다시 살든가. 다시 살기 위해서는 스스로 부리를 바위에 부딪쳐 부수고 새 부리가 나오게 한 다음, 기존의 발톱과 깃털을 뽑아내 새로운 모습으로 비상한단다. 그러면 30년을 더 산다고 한다.

고통스러운 변신이 어찌 솔개한테만 해당할까. 본인의 당당한 삶을 위해서라면 스스로 환골탈태가 필요하다. 이제 겨우 이순을 넘긴 시점에서 멀쩡한 날개를 접는 것은 도태와 퇴화를 자청하는 행위, 죽음을 대기하는 것에 지나지 않는다. 갱생의 길을 선택하는 솔개처럼 다시 변화하는 고통을 감수해서라도 비상을 꿈꾸었으면 좋으련만.

요즈음 온 집안은 그이의 천국이자 에덴동산이 되었다. '천하태평, 무골호인'은 다 그이를 두고 하는 말인가 싶을 정도다. 마치 우주의 평화가 자신으로부터 시작되는 것처럼 안주하는 것을 볼 때면 이미 오래전에 멸종된 전설의 희귀 새 '도도새'를 떠올린다.

도도새는 오래전 남인도양 모리셔스섬에 서식했던 새이다. 섬은 자연환경이 뛰어나고 도도새의 주식이었던 카바리아 나무 열매가 지천으로 널려 있었다. 거기다 새들을 해칠 천적마저 없었으니 애써 날아오르지 않아도 되고 달리거나 걷지 않고도 불편함이라곤 없는 그들만의 에덴동산이었다.

하지만 그런 평화는 오래가지 않았다. 처음 포르투갈 선원들이 이 섬을 찾았을 때 가장 손쉬운 사냥감으로 표적이 된 것이다. 도도새는 이미 몸과 정신이 살이 찌고 둔해져 날아오르거나 달아날 줄 몰랐으니 고스란히 식용 감이 되어주었다. 새는 날아야 하고 종은 울려야 종이듯, 날지 못하는 새는 바로 죽음이었다. 결국, 선원들의 손이 닿은 지 100여 년 만에 도도새는 멸종당해 전설의 희귀종이 되었다고 한다.

허우대 멀쩡한 그이가 집안에서만 지내는 것은 도도새가 되는 지름길이 될 것이다. 내라도 나서서 포르투갈 선원이 돼야겠다는 생각이다.

올해 들어 우리 부부는 매일 자전거 타기에 재미를 붙였다. 미끈하게 닦아놓은 태화강변 자전거 산책로를 따라 나란히 달리면 정신은 맑아지고 몸은 새털처럼 가벼워진다. 거기서 만나는 이웃들이 우리를 '잉꼬부부'로 부러워한다. 그렇다고 일부러 내가 먼저 나서서 '나는 지금 도도새를 훈련하는 선원입니다.'라고 알릴 필요까지 있을까.

그런데 만약 오늘 낮에 만났던 옆집 아주머니가 대체 '금실 부부'의 비결이 뭐냐고 물으면 어떤 말을 해주지?

울산 아리랑

이제 울산은 제 고향입니다. 서른다섯 해간 삶의 뿌리를 내려 잎을 펼치고 꽃을 피워 열매를 달기까지 속정이 담뿍 들었습니다. 갓 결혼한 신출내기 우리 부부가 살 곳을 찾다가 둥지를 틀게 된 이곳은, 삶이란 수레를 땀 흘리며 굴린 도시입니다. 지금껏 자식 낳아 키워 출가시키고 내 집 마련이란 숙제를 마쳤으니 안태고향이나 진배없습니다.

세월은 청설모처럼 까맣고 윤기 흐르던 새댁의 머리카락을 푸석한 반백의 할머니로 만들었습니다. 검은 머리를 가져간 대신 그만한 지혜를 준다는 것을 조금은 알 것 같습니다.

'산업도시' 울산은 젊은 사람들이 나름의 꿈을 이뤄가며 살기 위해 모여든 역동적인 도시로 각인됩니다. 도시를 가로지르는 젖줄인 태화강을 중심으로 조선과 자동차산업이 주를 이루고, 공단 근로자들의 땀은 우리나라의 산업과 경제를 위한 희망이자 미래입니다. 토박이보다는 각처에서 일터를 찾아 모여든 외지인들이 어우렁더우렁 가족처럼 정붙이며 고향을 만들어 가는 이웃들이지요. 아무라도 부지런하면 잘살게 되고 자수성가할 기회의 땅이라는 것을 이참에 알려두렵니다.

내가 처음 봇짐을 풀었을 때만 해도 요즘처럼 맑고 깨끗한 청정도시의 느낌은 덜했습니다. 유년시절을 지낸 '천년고도 경주'에 비하면 거리는 혼잡하고 공기는 탁했으며 건조한 인심에 타향살이가 물설었습니다. 마음을 내려놓을 만한 여유나 여백이 아쉬운, '타인의 도시'로 느껴졌다고나 할까요. 외지 사람끼리 서로를 경계하면서 오는 현상인지 말씨는 또 얼마나 투박하던지…. 나 또한 그들 중 한 사람이었음을 부인하지 않으렵니다.

날마다 머리에 이고 사는 하늘과 자연의 대지는 물론이고 맑고 자유로워야 할 공기조차 회색빛이었습니다. 공단 굴뚝에서 나는 검은 연기는 해를 가리고, 공업용 패수가 하천으로 흘러간 끝에는 태화강물이 오염돼 물고기가 떼죽음을 당했습니다. '공업 도시'가 싫었습니다.

하지만 공단에서 들려오는 망치질 소리는 밤낮으로 우렁찼습니다. 밤을 낮 삼아 일하던 근로자는 다음날 새벽에야 피곤을 데리고 가족이 있는 집으로 향했으니까요. '산업도시'라는 나라 경제를 책임진 사람들이 흘렸던 소중한 땀의 가치가 마침내 선진국을 앞당겼습니다.

그즈음 회색빛 하늘이나 오염된 태화강물이 나한테 득이 되는지 실이 되는지는 알 바 아니었습니다. 당장 먹고 사는데 코가 석 자였던 내 형편에는 그런 것은 다 사치였으니 말입니다.

하지만 지금은 다릅니다. 눈길 닿는 곳마다 천지가 개

벽했다 할 만치 도시는 선진국 수준으로 변했습니다. 전국에서 지역 총생산액이 가장 높은 곳, '살기 좋은 부자 도시'로 불립니다. 태화강에는 일급수에서만 사는 재첩과 바지락이 40년 만에 서식지로 되살아났습니다. 주거환경 정비가 여느 도시보다 수려해 2014년 환경관리 평가에서 '생명이 살아 숨 쉬는 문화도시'임을 선두로 인정받았습니다. 이제 태화강은 자자손손 미래로 이어지는 청정 젖줄로 흐릅니다.

아침 햇살이 은빛 가루를 마구 뿌리는 강에는 잉어나 붕어, 버들치가 '물 반, 고기 반'으로 펄떡입니다. 강변을 산책하던 이웃들은 물고기 '재롱 점프'에 탄성을 지르며 함박웃음으로 기분 좋은 아침을 맞습니다. 머지않아 장생포 앞바다를 유영하던 고래 가족이 여행 삼아 태화강을 기웃거릴지도 모를 일입니다.

대숲이 어우러진 태화강 생태환경은 백로나 두루미, 왜가리 같은 철새들의 도래지가 되었습니다. 저물녘 떼 까마귀들이 펼치는 군무는 가히 황홀할 정도로 장관입니다.

지난가을에는 먼 곳에 사는 벗을 불렀습니다. 태화강 대공원 꽃밭과 십리대숲을 찾아 거닐며 우리는 오래전 단발머리 소녀 시절로 돌아갔습니다. 요염한 자태에 한껏 멋을 부린 양귀비와 작약, 명품 수채화를 그려놓은 수레국화, 가는 허리를 요염하게 흔들며 사람들을 불러 모으는 안개꽃 앞에서는 꽃 멀미가 다 났습니다. 대숲이 주는 넓은 품안에 안겨 나란히 어깨를 맞추어 걸으며 친구와 나는 저절로 '시인'이 되어갔습니다. 저물녘 돌아오는 길가 은행나무 가로수는 노란 열매를 어찌나 푸지게 내려놓고 있던지….

울산은 살수록 정이 드는 도시입니다. 삶이 시들한 날은 장생포 앞바다 고래유람선을 타고 어느 남자가수가 불렀던 '고래사냥'을 신청한다면 금세 힘이 불끈 생겨날 것입니다. 늙어 감성이 줄어들거든 정자나 주전 바닷가 몽돌밭을 찾아 걸으며 고것들이 들려주는 '울산 아리랑'에 한나절쯤 귀를 적셔도 좋겠습니다.

습관처럼 태화강변 산책길을 걷습니다. 그때마다 유채꽃이 노랑 물감을 풀어 밑그림을 그린 강물 위로 새벽 물안개가 하얗게 피어오릅니다. 잔잔한 물결 위로 오리 가족이 평화로이 V자를 그리며 노니는 풍광은 한 폭의 명화를 그려놓습니다.

유록색 강둑 풀숲은 물방울 다이아몬드를 소복하게 달고 나를 기다립니다. 한 뼘 두 뼘 금빛 아침 햇살이 퍼질 적에는 지녔던 보석을 망설임 없이 스르르 대지로 내려놓는 자연의 섭리를 가르칩니다. 그때, 스피커에서 흘러나오는 비발디 「사계」 음악이 주는 절묘한 극치를 '유토피아'라고 전하렵니다.

날마다 황홀한 선물을 받는 나는 분명 축복받은 사람입니다. 두고두고 삶을 쓰다듬고 쉼표를 찍는 도시, 울산을 사랑합니다.

인생은 산책이다

저는 요즈음 산책을 즐깁니다. 매일 근처 강변길을 따라 한두 시간쯤 걷다가 들어옵니다. 하얗게 피어오르는 새벽 물안개, 앙증맞은 노랑머리 유채꽃, 평화롭게 노니는 오리 떼의 아침 나들이를 함께하고 나면 몸이 새털처럼 가볍고 맑아집니다.

저녁나절 산책길은 주로 운동하는 사람들로 부산합니다. 주변 아파트에서 나온 어린아이부터 노약자까지, 연령대가 다양합니다. 사람들 중에는 이제 가정과 사회에서 할 일을 얼추 마친 중년 부부들이 많습니다. 한정된 시멘트 상자 안에서만 살아가는 이들이 이렇게라도 자연에 몸과 마음을 비비며 호흡을 늦출 수 있다는 것은 여간한 다행이 아닙니다. 몇 해 전까지만 해도 자갈밭이었던 강변을 미끈한 산책로로 닦은 것은 참 잘된 일입니다.

거기서 만나는 사람들 걸음걸이는 참 다양합니다. 몸에 착 달라붙은 운동복을 입고 가볍게 달려가는 이, 양손에다 작은 아령을 쥐고 사색을 하며 천천히 걸어가는 젊은 남자, 귀에다 이어폰을 걸치고 가벼운 걸음걸이로 스치는 젊고 예쁜 여자를 어렵잖게 만납니다. 그러나 그들 중 대부분은 나처럼 산책하듯 쉬엄쉬엄 걸어갑니다. 나름대로 보기가 다 괜찮습니다.

산책은 그다지 운동이 되지 않습니다. 운동으로 치면 달리기만 한 것도 없겠지만, 거기에는 여유가 없습니다. 달리기는 경쟁의 연속으로 비유됩니다. 아무한테나 달리기나 빠른 걸음을 채근한다면 금방 지칠 수 있습니다. 산책은 육체와 정신 운동을 병행합니다. 젊을 때는 젊음의 분

발심을 위해 그렇다 할 수 있겠지만, 이순의 중늙은이한테 경쟁자의 삶을 우격다짐한다면 금방 피곤해서 지치고 말 것입니다. 이제 제 몸은 달리기를 거부합니다.

내가 이렇게 걷는 이야기를 하는 것은 걸음걸이와 인생을 비유하기 위해서입니다.

사람들은 흔히 '인생은 마라톤이다.'라는 말을 합니다. 인생을 마라톤에 비유하는 것이 적합한가를 곰곰 생각해 봅니다. 마라톤은 달리기이니까 곧 '인생은 달리는 것이다.'라는 말과 같습니다.

그렇지 않습니다. 달리면서 어찌 풍광을 제대로 감상할 수가 있겠습니까. 가령 요즈음같이 볼거리가 다양한 강변 산책로를 달리기로 지나친다면 너무 아쉬울 것 같습니다. 노란 유채꽃과 오리들의 평화로운 나들이를 감상할 겨를 없이 어찌 스칠 수가 있겠습니까. 언제 사라져 버릴지도 모를 새벽 물안개는 또 어찌하겠습니까.

자연만치 아름다운 변화를 보여주는 것도 없습니다. 기화요초가 만발하는 봄날을 지나 푸른 물을 뚝뚝 흘리는 갈맷빛 숲, 각혈하는 단풍의 임종 앞에서 가슴앓이를 지나 나목에 내려앉은 새하얀 눈꽃이 전하는 말을 보고 들을 수 있어야 합니다. 계절마다 펼치는 신의 붓놀림을 오감으로 읽는 방법을 익히며 살 일입니다. 그런 잔치에 내 이웃과 친구를 동반하고 산책할 수 있는 것은 축복입니다. '네가 달려가니 나도 달린다.'라는 생각은 자신에게 가하는 가혹한 형벌입니다.

이제 나는 달리기를 거부합니다. 젊어서는 젊음의 꿈을 이루기 위해 그렇다손 치더라도, 나이가 들어가면서까지 달리기를 고집한다는 것은 피곤하고 지치기를 자청하는 일이라 스스로 파괴되고 말 것이니까요.

인생은 산책입니다. 달리지 말고 걸어야 합니다. 걷는다는 것은 주변에 시선을 준다는 여유를 말합니다. 언제 물안개가 피었다가 사라지는지, 오리는 물속에서 얼마나 재주를 부리는지, 요즈음 같은 봄날에는 어떤 꽃향기가 더 멀리까지 날아가는지 보고 사색할 여유를 가져야 합니다. 여유는 자신에게 주는 가장 큰 선물이니까요.

집 앞 학교운동장에는 요즘 보랏빛 등나무 꽃이 한창입니다. 내가 며칠 한눈을 판 사이 잔뜩 꽃망울을 부풀리고 기다린 모양입니다. 보랏빛 원피스를 길게 드리운 등나무 꽃이 거꾸로 매달려 봄바람에 엉덩이를 살랑대는 자태는 눈과 가슴을 꼼짝없이 붙들어 놓습니다.

산책에서 돌아오는 길은 등나무꽃 그늘 아래서 잠시 쉬었다가 오는 재미가 쏠쏠합니다. 햇살은 내 머리와 보랏빛 꽃 사이로 은 화살을 마구 뿌립니다. 이런 봄날이 조금은 더디 갔으면 좋겠습니다.

인연 이야기

지척에 있는 이도 마음이 멀면 천 리가 될 것이고, 어지간히 먼 거리도 마음먹기에 따라 지척일 수가 있다.

학창시절 때 친하게 지내던 친구 종선이와 경희는 여태껏 연락을 끊지 않고 지낸다. 느닷없이 가슴속에 뭉게구름이 이는 날은 자연스럽게 친구를 만나러 포항 쪽으로 핸들을 돌린다. 두어 시간 남짓 달려간 끝에는 나를 반기는 친구가 있다. 남편은 '먼 길'을 말하지만, 내게 포항은 지척일 뿐이다.

우리는 모두 뉘엿뉘엿 서산으로 해 기우는 중년이 되었다. 하지만 여전히 데쳐놓은 봄나물처럼 야들야들한 화법이 매력인 종선이, 예나 지금이나 순수 소녀 감성이 줄어들 줄 몰라 나긋나긋함이 몸에 밴 경희는 봄꽃처럼 화사하다. 두 친구를 마주하고 앉으면 건조한 내 속 뜰에 단비를 흠뻑 적시는 기분이다. 이런저런 살아가는 이야기로 수다를 떠느라 시간 가는 줄도 잊었다가 돌아오는 길은 언제나 머리 위로 별 밭을 한가득 이고 있었다.

우리는 여고 시절 삼총사였다. 학교를 파하고 집으로 돌아오는 길은 언제나 어깨를 나란히 맞추며 버스 정류장까지 같이 걸었다. 두 친구와는 서로 다른 포항 쪽과 울산 쪽으로 가는 버스를 타야 했기에 저만치 정류장이 가까워질수록 '조금이라도' 하며 걸음을 아꼈다. 막상 버스에 올라탄 뒤에도 서로 멀어질 때까지 마치 이산가족이 보여주던 이별 장면처럼 아쉬움의 손을 한참이나 흔들었다.

지금 생각해 보면 그것은 친구가 좋아서 함께하고 싶기도 했지만, 누군가와 헤어지는 것을 싫어했던 내 성격 탓이었다.

이렇듯 내가 헤어지거나 이별을 싫어하는 근성은 물건에서도 마찬가지다. 손길이 닿았던 물건, 잠시라도 몸 풍경을 담고 있었던 옷이나 신발 같은 작은 것조차 가볍게 버리지 못한다. 승용차나 가구 같은 큰 살림은 거의 수명이 다해 나달나달할 때까지 징긴다. 좀 오래됐다고 싫증을 낸다거나 구닥다리로 취급하는 일은 있을 수 없다.

결혼 20주년이던 날, 남편과 나란히 쥐색 웃옷을 기념으로 사 입었다. 흔히 말하는 '커플티'는 뜻밖에도 그이가 더 좋아해서 줄기차게 입고 다녔다. 반소매 옷이라 한겨울을 제외하고는 마르고 닳도록 걸쳤으니 시쳇말로 '본전은 다 뽑았다.'고 할 수 있다. 그렇게 한참을 입다가 어느 날엔가 며칠 옷장에 넣어둔 채 가맣게 잊고 지냈다. 벌써 열다섯 해 전 이야기다.

얼마 전, 남편이 밥상머리에서 불쑥 고향 부부 모임 동행을 제안했다. 옛 친구들과 동네 뒷산을 오르고 교정을 둘러보게 될 테니 '간편 복장'을 말했다. 말이 쉬워 '간편 복장'이지, 일단 외출 계획이 잡히면 먼저 입성에 신경이 쓰이는 것은 사실이다. 아무래도 입성이 마뜩잖았다.

옷장 문을 열어 살폈다. 순간 '커플티'가 머릿속을 스쳤다. 속으로 '바로 이거다.' 하고 외쳤다. 그런데 남편 반응이 문제였다. 내 결정을 알아차리고는 두 손을 절레절레 흔드는 것이 아닌가.

"그 옷이 언제 것인데…."라는 거였다. 구질구질하게 구닥다리를 어떻게 걸치느냐는 표정이었다. 아무 일 없는 옷을 단지 오래되었다는 이유만으로 밀어내는 것을 도무지 이해할 수가 없다는 식으로 대들다시피 했다. 한참이나 실랑이를 벌이며 밀고 당긴 끝에 내 생각을 호소하듯, 달래듯 용케 통과시키는 데 성공했다.

거실 터줏대감인 가죽 소파도 그렇다. 소파는 13년 전 입주 때 들여놓은 것인데 늘 침묵 속의 수도원 같은 집을 묵묵히 지킨다. 그도 세월 앞에 장사 없었던지 최근 들어 등받이 부분에 허연 실금을 드러내면서 탱글탱글하던 몸이 축 늘어지고 기진맥진한 느낌일 때가 있다. 사람이나 물건이나 한순간에 늙어지는가 싶어 요즈음의 내 모습을 보는 것 같아 동병상련의 정까지 느낀다. 그때마다 마른

수건으로 닦아주며 위안의 손길을 건넨다. 앞으로 간혹 손님이 찾아올 적에는 내가 거울 앞에서 옷매무새를 고치듯 예쁜 천으로 낡은 부분만 살짝 가린다면 색다른 모습을 보일 것이다. 다소 낡고 늙었다고 천대하거나 쉽게 내다 버린다면, 지난날 그 소파 위에서 잠들거나 편안하게 누워 생각하던 소중한 기억들까지 완전히 가시게 될 거라는 것이 지배적이다.

베란다에서 한창 꽃 잔치를 벌이는 화분도 대부분 길에서 주워온 것들이다. 주인 손에 버려진 채로 반쯤 죽어가던 것을 데려와 입양시켜 놓고 내 나름대로 손질한 결과에 화답을 해주는 친구들이다. 한창 꽃대를 밀어 올리는 베고니아, 황금색 나팔을 앞 다투어 달아주는 천사의 나팔, 자잘한 분홍색 꽃잎이 별처럼 피어나는 사랑초가 한식구가 되어 일시에 꽃 잔치를 여는 것이 얼마나 살갑고 기특한지…. 키워보지 않고는 이런 뿌듯함을 절대 모른다. 아침이면 순이 얼마나 자랐나, 꽃은 언제 필까 싶어 혼삿날 받아놓은 새색시처럼 가슴 설레며 기다리는 쏠쏠한 재미라니…. 숨을 할딱거리며 죽어가던 화분이 새로 살아나 인연이 되어 보여주는 화답은 덤으로 얻는 즐거움이다. 결국 내 집 베란다는 버림받은 화분이 모여 사는 보육원이자 양로원인 셈이다. 이러니 모르는 이의 눈에는 우리 집 살림살이는 거의 고리타분한 중고로 비치기에 십상이다.

수 해째 붓을 곁에 두고 지낸다. 이 도구로는 늘 관계나 인연에 대한 매혹과 관심을 두는 것에 익숙해지려 한다. 그것이 내가 원하는 붓의 의미이다. 어쩌면 붓은 신이 내게 주는 선물인지 모른다. 이 붓으로 나와 남을 위한 그림을 두고두고 그리려 한다. 세상 누군가에게 용기와 희망을 주는 명화를 그리기 위한 끊임없는 노력이 따라야 할 것이다. 더러는 새벽잠을 반납하고 별빛처럼 또렷한 의식으로 매일 삶의 자취를 낱낱이 살피고 적어 내려간다. 아직은 어설픈 무명작가로서 시간을 쓰지만, 그마저도 행복한 인연으로 여긴다.

그간 붓과 인연이 되고 얼마나 큰 위로를 받았는지 모른다. 붓이란 도구가 나를 다시 세상 밖으로 걸어 나오도록 거들었고 척박했던 삶의 질까지 높여주었다. 그러니 내 어찌 붓을 사랑하지 않고 배기겠는가. 그간의 경험을 바탕색으로 입히고 그 위에 진솔한 명화 한 편을 당당하게 세상 앞에 그려내는 일에 정성을 다할 생각이다. 그로 인해 독자가 살아갈 힘과 용기를 얻는 인연이기를 갈망한다.

이런 내 생각을 말하는 이유는 알뜰히 절약하거나 검소와 소박한 것을 고집하는 미덕 때문만은 아니다. 일단 나하고 인연이 된 물건은 좀처럼 버려지고 헤어지기 싫어하는 본성이 더 크게 작용하기 때문이다.

우리가 산다는 것은 인연을 만들어 가는 일이다. 해를 더할수록 이별의 순간을 맞이해야 하는 일이 점차 늘어난다. 지금까지는 인연을 늘리는 시간이었다면 앞으로는 헤어짐이 더 늘어날 것이다. 사람도 물건도 직수굿하게 인연이 오래갔으면 좋으련만.

할머니 연습

친구를 만나러 약속 장소로 나가는 길이었다.

"할머니, 안녕하세요?"

엄마 손을 잡고 길을 가던 꼬맹이가 난데없이 인사를 했다. 순간, 머릿속이 멍했다. 거울 앞에서 한 시간째 잔뜩 공을 들여 몸치장하고 나선 걸음이건만, 귓속을 파고든 '할머니' 소리가 한 방에 기분을 언짢게 했다.

"이름이 뭐지, 몇 살이고?"

얼떨결에 한 화답이었지만 속내는 소태를 머금은 듯 찡그렸다. 다섯 손가락을 펴 보이는 아이에게 비친 나는 영락없는 '할머니'였다. 공들여 화장을 하고 새 옷을 걸쳤어도 세월의 흔적은 어쩔 수가 없었나 보다. 미간에 그려놓은 주름이며 턱밑 목선은 탄력을 잃어 축 늘어졌다. 윤기가 가시어 짚단처럼 푸석한 머리카락을 검은 물감으로 덧칠한 것이 손바닥으로 태양을 가린 격이 되었다. 마음만큼은 청춘이라고 우격다짐하지만, 부질없는 착각이다. 세월은 갈맷빛으로 출렁이던 젊음을 하나둘 가을빛으로 물들여 '할머니'란 무언의 꼬리표를 여기저기 달아놓았다.

입에서 흘리는 말씨도 그렇다. 아이는 무심코 '안녕하세요.' 라고 하는데, 내가 나서서 생뚱맞게 이름과 나이를 묻는 동문서답이었다. 엉뚱하기만 한 노인성 답변이었다.

오래전에 들은 우스갯말이 생각난다. 청년이 길에서 읍내 오일장에서 돌아오는 동네 어른과 마주쳤을 때였다. 젊은이는 "장에 다녀오십니까."라고 정중하게 인사를 했을 때 맞은편 상대는 "글쎄 갈치라네."라고 답변을 했단다. 청년이 한 인사말하고는 아무 상관없는 답변이었다. 지금 당신 손에 든 물건에만 정신을 두었던 늙은이가 무심코 흘린 노인성 답변인 것이다. 이는 나이가 들면 언행이 엉뚱스러워진다는 것을 간접적으로 빗댄 경우를 말한다. 서두에 있었던 나와 아이의 행동이 어찌 이와 다를까.

이미 '할아버지' 호칭에 익숙한 남편이다. 나이 이순을 넘기면 '할아버지'는 당연하단다. 괜히 말귀에 날을 세우고 과민반응을 보일 필요까지 없다는 주의다.

언젠가 서울 지하철 안에서였다. 바로 옆에 앉아있던 어린아이와 남편은 죽이 맞았다. '할아버지' 세례를 퍼붓는 아이를 무릎에서 잠시도 내려놓지 못했다. 그를 지켜보던 아이 엄마까지 대놓고 "할아버지한테 귀찮게 굴지 마라."라고 합세했지만, 속도 없이 "허허" 소리 내어 웃어 보이기까지 하는 그이가 이해하기 힘들었다.

요즈음 우리 부부의 일상을 보면 할머니 할아버지 진행형이다. 젊은 날은 부딪치기만 하면 부러지려던 가장귀는 조금씩 실버들처럼 휘어진다. 언성을 높여 닦달하던 열정이 꼬리를 내려 시들하다. 매사가 잠시 지켜보자는 식이고, 어지간히 귀에 거슬리는 말을 들었어도 속에다 묵새기는 일 없이 '그러려니' 한다. 불쾌한 말일수록 빨리 털어버리는 것이 자신은 물론 서로 좋은 일임을 알기 때문일 것이다. 바깥에서는 해야 할 일, 해서는 안 될 일을 분별하고, 상대가 싫어할 일이겠거니 싶으면 이내 피하는 지혜가 생겼다. 몇 해 전 아들을 결혼시키고 난 뒤로 더는 앞날을 치밀하게 계획하거나 힘에 버거운 뜻을 세우는 일은 자제하자며 마음의 일치를 나눈 이후로 일상이 그럭저럭 편안해진 것을 안다.

식성도 변해간다. 대체로 단것을 좋아하던 입맛이 쓴 것을 자꾸 끌어당긴다. 간편식보다는 신선한 과일이나 푸성귀 같은 자연에서 온 것에 손이 옮겨간다.

무엇보다 나이 들어가면서 가장 좋은 것이 있다면 아이들 교육과 결혼 문제가 해결되었다는 것이다. 어깨에 졌던 짐을 내려놨으니 한결 홀가분하다. 더구나 남편은 직장까지 은퇴했으니 시간의 얽매임으로부터 벗어나 비로소 자신이 하고 싶었던 것을 마음먹고 할 수 있는 자유가 주어졌다. 다만, 뇌의 세포가 점점 퇴화하는 것이 안타까울 뿐이지만, 어쩔 수 없는 일이라고 생각하면 그만이다. 안달복달할 이유가 없다는 결론이다.

우리 집은 창문만 열면 초등학교운동장이다. 운동장은 내 집 앞마당이나 진배없다. 아침에 잠자리에서 일어나자마자 창밖을 내다보면 제일 먼저 비둘기 친구들과 참새 가족을 대한다. 사전에 약속이나 한 것처럼 남편은 잽싸게 계단 아래 창고로 내려가 먹이를 들고 대문간을 나선다.

'구구, 째째' 요기를 즐기는 날짐승을 바라보는 남편의 눈빛은 손자의 재롱을 보는 것만큼이나 다정스럽다. 더러 아침 운동을 하러 나온 이웃이 먹이 주기를 말리지만 개의치 않는다.

알다가도 모를 날짐승이다. 젊어서 저축해둔 우리 부부야 얼마간의 돈이라도 있어서 그렇다지만, 제까짓 것들이 무슨 수행자나 된다고 철저하게 무소유를 고집하는 건지…. 욕심이 없어도 너무 없다. 그때그때 한 끼로 만족하는 것이 어찌 보면 갑갑하고 바보스럽다. 한 줌의 곡식은 고사하고 아무것도 갈무리해 두지 않은 철저한 가난뱅이가 아니던가. 남편이 이렇게라도 거두니 다행이지 만약에 빙판 겨울에 추위를 핑계 삼아 결석이라도 한다면 어쩔까 싶다. 애먼 나까지 신경이 곤두서게 할 것이니 민폐라면 민폐인 걸 알기나 하는지. 겨울에 꽁꽁 얼어붙고 배가 고프면 그때부터 몸이 달아 '구구, 째째' 내 집 쪽을 향해 야단법석을 떨면 어쩌란 말인가. 요즈음도 일부러 잠자리에 늦게 누워있는 날이면 '구구' 구슬프게 우는 소리 때문에 잠자리가 불편할 때가 있다. 그러다가 끝내 배가 고파 비명에 가까운 소리를 지르면 어쩔 수 없이 항복하고 마는 속내를 알아차리고 그러는 걸까. 어쨌든 예삿일이 아니다.

여름철은 통통하던 몸집이 겨울에는 반으로 줄어든 것도 근래에 알아차렸다. 누울 자리를 보고 다리 뻗는다더니 운동장으로 출석하는 새들은 이미 우리 부부 속내를 꿰뚫고 있는지도 모른다. 두 해 전 먹이를 주기 시작하던 초반에만 해도 그들은 적당히 경계심을 보이거나 체면을 차렸었는데 이제는 대놓고 턱밑까지 따라오며 맡겨놓은 보증금이라도 있는 듯이 소란을 떨어댄다. 어느 날은 생판 모르는 객꾼들까지 끼어들어 한 끼 식사를 가뿐히 해결하고 인사도 없이 훌쩍 날아갈 적에는 야비한 생각마저 들고는 한다. 그래도 예쁘고 사랑스럽게 보이는 것은 다 나이가 들어간다는 증거일 테다.

그이가 새들을 손자 보듯 하는 일이니 굳이 말릴 생각은 없다. 다른 생명과 함께 나눈다는 공동체 의식에 마음을 두면 괜찮다. 불가에서 가르치는 '공덕이나 업을 쌓는 일'이라고 생각하면 마음이 뿌듯하다. 일부러 살아 있는 미꾸라지를 잡아 돈과 바꾸고 다시 '방생'이라는 명목으로 강에다 풀어주는 행사에서 생색을 내는 것보다야 훨씬 바람직하지 않은가.

나이가 들어갈수록 무욕이 보약이라는 것을 알아가는 그이다. 그간 살면서 맺었던 복잡함에서 비켜나와 나름 단순, 간소하게 지내야 한다는 철학이다. 새들에 비하면 인간은 가진 것이 너무 많은 것이 탈이라고 말하는 그이는 전생이 부처에서 왔는가 싶을 정도로 단순하고 선한 이다. 소소하게 내가 일하는 텃밭 가꾸기를 거들며 수시로 문화센터에 들러 회원들과 정담을 나누는 것이 전부인 것을 보면 그렇다. 정이 헤퍼서 어떤 날은 식당 밥 싸 먹어 가며 봉사하다 늦은 시간에 귀가한다. '모두가 복 짓는 일이다.'라고 생각하면 그만이다. 이게 다 할머니, 할아버지가 되어가는 연습일 것이다.

오늘은 초저녁부터 옥상에다 자리를 깔고 나란히 누워 두런두런 밤하늘 별구경을 해볼 참이다. 젊은 날, 바라보기만 해도 그윽한 사랑 고백이 느껴지던 때를 떠올리며 같이 별 밭을 거닌다면 정이 더 깊어질지 어찌 알겠는가.

옥상으로 향하는 내 뒤통수에 대고 전화벨이 요란스럽다. 며느리의 살가운 목소리가 전화선을 타고 흐른다.

"오늘, 산부인과에서 아기 소식을 줬어요!"라고 한다.

행복 찾기

지난여름, 한 친구를 만났다. 우리는 오래전 경주에서 같은 여고를 졸업하고 헤어졌다가, 결혼 이후 우연히 울산 방어진에서 다시 만났다. 당시 나는 가게를 하고 있었고, 그는 손님으로 왔다. 그때 처음으로 친구가 지척에서 과일가게를 하고 있다는 사실을 알았다. 나는 보상심리가 발동했던지 그날 이후 수시로 친구네를 들락거렸다. 더 기막힌 사실 하나는 각자의 신랑들이 어릴 때 '황룡'

이란 동네에서 선후배로 컸다는 것을 알고부터 형제처럼 가깝게 지냈다.

우리는 가족이나 진배없었다. 타지에서 유일하게 마음 비빌 든든한 둔덕이 되어갔고 가슴을 데워주는 밥이나 고충을 녹여주는 각설탕 같은 존재로 위무하며 서로를 지켰다.

하지만 그런 행운은 오래가지 못했다. 장맛비가 오다 말다 게으름을 피우던 날 친구가 느닷없이 이별을 알렸다. 대구 쪽에 사는 친척이 마침 좋은 일자리를 알아두고 친구 부부를 급하게 찾는다는 거였다. 아무리 사람 사는 일이 회자정리가 인지상정이라지만, 받아들이기가 당황스러웠다. 그러한 통보는 우리 부부를 한 방에 둔덕 아래로 굴러 떨구게 했다. 몇 날 며칠을 정신이 장마에 젖은 보릿단처럼 눅눅해져 지냈다.

결국, 친구는 일사천리로 가게를 접어 방어진을 떠났다. '부디 행복해야 한다.'고 친구 앞에서는 손을 흔들었지만, 속울음을 삼켜야 했다.

그런 이후로 30년 만이다. 그동안 몇 차례 수소문해 보았지만, 매번 헛수고였다. 요즘처럼 SNS가 안 되던 때라 마음뿐이었다. 야박하고 서운한 마음이 컸지만, 그간 나 또한 사는 일이 콩죽 끓이듯 바쁘게 살아가는 신세여서 잊고 지낼 때가 더 많았다.

세월은 더 늙기 전에 인연의 끈을 이어주고 싶었던 걸까. 지난봄, 고향 동창회에 참석했던 남편이 기별을 물고 왔다. 이태 전, 친구네가 고향으로 귀농해 농사와 동네 이장 일로 바쁘다 보니 이번 동창회에 불참하게 되었다는 말에 귀가 번쩍 뜨였다. 그간 유목민처럼 타지를 돌며 한 사업이 결국 빈손으로 고향 땅을 밟게 한 모양이었다.

먼저 연락을 하고 친구를 찾아갔다. 경주 보문단지를 벗어나 감포로 이어지는 추령 고개를 막 오르기 시작하다가 '황룡마을' 안내 간판을 눈에 넣었다.

칠월의 숲은 푸른 물을 뚝뚝 떨구며 낯선 이방인을 맞았다. 잔가지조차 바람을 아끼는 삼복더위에 매미는 미루나무를 전세 내고 노래 삼매경에 빠졌다. 골짝을 타고 철철 흘러내리는 논물은 자신을 산산조각내어 주변과 조화를 이루어 '산속 음악회'가 한창이다. 내가 다가가자 잠시

소리를 낮추다가 이내 연주를 이어갔다.

드문드문 낡고 늙은 농가가 오수에 들었다. 그중 짐작이 가는 대문 옆을 비켜서서 한참을 어정거렸다. 망초꽃을 쓰다듬으며 잠자리 놈은 낯선 내가 수상쩍었던지 저희끼리 날개를 이리저리 기웃대며 망을 살폈다. '가히 네놈들이 어찌 나를 알리.' 싶어 씁쓸한 표정을 짓는 내 쪽을 향해 저만치 밀짚모자 차림으로 한 손에 호미를 든 친구가 양팔을 흔들며 걸어왔다.

우리는 서로 가슴을 끌어당겼다. 얼마 만에 하는 포옹이던가. 이렇게 어깨와 눈을 나란히 갖다 대고 마주 앉은 적이 언제였던가. 덧없는 세월은 곱던 얼굴에 잔주름을 기록하는가. 반백의 머릿결이 땀에 젖었다. 웃을 때마다 드러나는 하얀 치아, 느릿한 말투며 생머리를 뒤로 넘겨 고무줄로 질끈 동여맨 모양새는 여태 변함이 없다.

"옛 모습 그대로다. 곱게 늙었네?"라는 내 말에 친구는 손사래를 치면서도 웃음을 지우지 않았다. 20대 청춘이 육망에 마주하니 머릿속은 하고 싶은 말이 꼬리에 꼬리를 물고 서로 입 밖으로 먼저 나오려고 야단법석을 떨었다.

자식은 몇 두었으며 결혼은 시켰는지, 손자는 보았는지, 건강은 괜찮은지, 그보다 더 '지금 행복한지'가 궁금했지만, 말을 아꼈다.

친구는 이태 전 이곳으로 들어왔단다. 오래전 시어른들이 쓰던 빈집을 대충 손을 보고 솥을 걸었다. 문중의 묵정밭을 맡아 새로 일구고 집 앞 논 뜰일 만으로도 일손이 달린단다. 논농사 말고 특용작물 고사리와 딸기 농사는 손은 많이 가지만, 수입이 짭짤하고 공급이 달릴 지경이란 말을 할 적에는 입꼬리를 살짝 올렸다. 땅에 땀을 흘리는 일만치 정직한 일이 없다며 늦게 찾은 일이지만, 귀농이 주는 재미가 쏠쏠하단다. 더구나 동네 이장 일을 맡아 봉사할 기회까지 얻었으니 다행스럽다고 했다. 친구 앞에서 나는 "산골로 가는 것은 세상한테 지는 것이 아니라, 세상 같은 건 더러워서 버리는 것이다."라고 한 백석 시인의 시구를 속으로 한참이나 읊조렸다.

일회용인 인생, 우리는 이미 그 절반 이상을 써 버린 사람 들이 아니던가. 돌아오는 차 안에서 이런저런 생각에 젖었다. 그러면서 '나는 지금 행복한가.'를 묻고 있었다.

이는 비단 친구나 나에게 해당하는 질문만은 아닐 테다. 세상 모든 사람에게 던지는 질문이다. 이는 자신에게 묻고 답할 때는 순수 절규이자 고백이 될 것이다.

사는 일이 두루마리 화장지처럼 술술 풀리기만 한다면 얼마나 좋을까. 평생 죽을힘을 다해 얻은 행복이 상실의 멍에로 남기며 살아가야 하는 것이 우리네 인생사가 아니던가.

지금쯤 '황룡' 뜰에는 바삭바삭한 초가을 햇살에 행복이 누렇게 익어갈 것이다. 올해는 풍년이 들었다고 하니 부부는 밀짚모자를 눌러쓰고 가을볕에 땀을 훔치면서도 몸과 마음은 구름 위를 걸을 것이다. 추석이 지나면 본격적인 추수철이니 일손을 거들어야 한다며 남편이 더 난리다. 올가을 우리 부부는 행복 충전을 위해 '황룡' 걸음이 잦아질 것이다.

2부

맹물

시간이 지나면서 몸은 본능적으로 순수하고 담백한 맹물을 원했다. 달달하거나 향이 들어간 물은 중독성만 있었지 진정한 갈증 해소에는 맹물만 한 것이 없었다.

달팽이

종일 비가 오락가락한다. 올여름은 유독 비가 잦다. 오늘이 '말복'이지만 선풍기 한 번 틀지 않았다. 집안이 눅눅해서 자고 일어나도 몸이 개운치가 않다. 방송에서 윗지방은 몇십 도를 오르내리는 불볕더위라지만, 내가 사는 울산은 맑음보다 흐린 날이 대부분이다. 구름 뒤에 가린 해는 얼마나 답답할 것이며 매미는 젖은 날개가 무거워 제대로 울지 못했다.

잠시 구름 사이로 나온 햇살이 반가워 실눈으로 쳐다보며 채마밭을 어슬렁거리는 새 또 가랑비가 뿌린다.

볼 때마다 뽑아도 잡풀은 기를 쓰고 일어난다. 엊그제 말갛게 호미질을 했건만, 그새 고개를 바짝 쳐드는 모진 풀이다. 상추와 가지 고랑 사이를 비집고 건들거리는 바랭이풀을 오늘은 그냥 지나친다. 그중 설렁설렁 마음을 끄는 친구는 역시 호박 넝쿨이다. 이파리를 슬쩍 쓰다듬는데 손끝에 뭔가 딱딱함이 닿는다. 나를 놀라게 한 장본인은 달팽이 놈이었다. 두 촉수를 한껏 세우고 등에는 무거운 짐을 진 채 이곳저곳을 여행 중이다. 내가 놀란 것 하고는 아무 상관 없이 가던 곳을 묵묵히 가고 있다.

보드라운 호박잎만 골라 몇 잎 따고 풋고추는 어중간한 크기로 한 움큼 함지박에 담았다. 된장에 풋고추를 반반 썰어 넣고 되직하게 끓여 호박잎 쌈을 싸 먹으면 여름 별미로 최고다. 애호박은 조갯살에 참기름으로 자작자작 볶다가 살짝 한소끔의 물만 둘러주면 최고의 반찬이다.

식성이 촌스럽고 식탐이 많은 나는 '밥이 보약'이라는 생각이 진하다. 그래서일까. 모임이나 외식을 할 때면 조금이라도 많은 밥공기에 눈이 간다. 돈만 주면 뚝딱 나오는 사 먹는 밥보다 손수 준비한 집밥에 길들여진 입맛이다. 값비싼 뷔페 음식은 넘기고 난 직후부터 속이 부글거리지만, 풋고추 숭숭 썰어 넣고 끓인 된장을 곁들인 집밥은 먹을수록 속이 편안하다.

저녁나절 조갯살을 싸러 길 건너 오일장에 가야 했다. 걸어갈까, 차를 몰고 갈까 망설이다 빠른 자동차를 택했다. 대로를 따라 첫 좌회전 신호를 받고 다시 좌회전 신호를 한번 받으면 바로 시장이다. 아직 퇴근 시간이 일러선지 도로는 대체로 한산했다. 첫 신호등 앞에서 대기신호를 기다리며 시디상자에서 평소 즐겨듣는 음악을 꺼내 틀었다.

나는 적당히 느린 음악을 즐긴다. '박강성'이란 남자 가수의 노래는 들을수록 편안함이 느껴진다. 가끔 텔레비전에서 듣는 젊은층들의 노래는 하나같이 빠른 리듬이라 밀어낸다. 요즘 노래는 따라 부르기가 힘들 뿐 아니라 애써 내용을 알고 나면 사랑하는 사람과의 이별을 말하는데 가수는 역으로 밝은 표정에 전신을 흔들어 보인다. 노래 한

곡을 듣고 나면 머리가 혼란스럽고 어떤 메시지를 전하는지 이해하기 어렵다. 그에 반해 적당히 느린 노래는 리듬과 메시지를 동시에 음미하면서 따라 부를 수 있다. 빠른 리듬이 능사는 아니라는 생각이다.

좋은 음악이란, 리듬이 쉽게 와 닿아야 하고 노래를 부르는 가수가 한몫하겠지만 음악을 듣는 청중에게 메시지가 잘 전달되어야 한다고 생각한다.

잠시 내가 노래 삼매경에 빠진 새 뒤에서 '쾅'하는 소리와 함께 차가 한차례 흔들렸다. 눈앞이 하얀 백지로 변해 정신이 하나도 없었다. 뒤따르던 차가 내 차 뒤범퍼를 들이받은 거였다. 차 뒤에서 몸집이 하마만 한 남자가 다가오더니 급한 전화를 받다가 한 실수였다며 머리를 끄적거렸다.

일단 길을 비켜서서 비상 깜빡이를 켜고 주차했다. 온몸에 식은땀이 비 오듯 흘러내리고 손발이 바르르 떨리면서 말문이 막혔다. 남자는 다가와 미안하게 되었다며 머리를 주억거렸다. 염치없는 눈물이 콧등을 타고 직선으로 미끄러졌다. 애써 마음을 진정시키며 차에서 내렸다. 범퍼나 창문 쪽을 대충 훑었는데 별 이상을 발견하지 못했다. 그런 와중인데도 남자의 전화기는 계속 오두방정을 떨며 주인을 불렀다. 무엇이 그리 바쁘고 급했던지….

“이만하니 다행입니다. 바쁜데 가보세요.”

“후에라도 문제가 생기면 연락해 주소. 저는 바빠서 이만…….”

연락처를 남기고 남자는 가던 방향으로 휑하니 떠났다.

바쁘게, 빨리빨리 달리듯 살아도 세상살이가 녹록지 않다는 걸 안다. 남자를 원망해 보지만, 내게도 잘못이 없지는 않았다. 각별하게 바쁠 것이 없었으면서 차를 몰고 나온 것이 탈이었다.

장마철에 묵묵히 여행을 즐기는 달팽이의 여유처럼, 나 또한 오일장을 운동 삼아 걸었어도 좋았을 것을. 당장 편리만 생각했지 여유로움은 잊고 있었다. 집으로 오는 길, 남자 가수가 부르는 느린 노래를 다시 틀었다.

더위를 이기는 방법

아침부터 푹푹 찐다. 볕이 이글이글 가마솥더위로 달아오른다. 가뭄이 든 텃밭에는 한창 수내기를 키우고 열매를 달아야 할 옥수숫대와 오이며 고구마 순이 데친 듯이 숨을 할딱거린다. 이럴 땐 잠시 지나가는 소나기라도 한바탕 시원하게 쏟아졌으면 좋으련만.

가무사리가 든 칠월 염천은 만물이 죽을 맛이다. 농사를 짓는 사람이나 농작물이 다 같이 진이 빠진다. 이때는 나름의 더위를 이기는 방법을 익히고 나면 한결 지내기가 수월하다. 경제적인 여유가 되면 해외든 국내든 시원한 곳을 찾아 휴가를 즐기면 좋겠지만, 우리네 살림살이가 고만고만하니 그림의 떡일 뿐이다. 그렇지 못할 바에는 차라리 내 몸 하나 더위에다 통째로 풍덩 담그는 것도 한 방법일 성싶다.

수해째 텃밭 농사를 짓고 있다. 농사라 했으니 규모가 클 것으로 생각할 수 있겠지만, 전혀 그렇지 않다. 집 근처 교회 담벼락에 붙은 어중간한 한 뙈기의 집터에 불과하다. 땅의 실제 주인이 먼 도시에 살면서 투자 목적으로 사 놓은 것을 그간 운 좋게 내가 주인 행세를 하는 행운을 얻은 것이다.

개인적인 생각이지만, 땅이든 물건이든 문서상 주인은 별 의미가 없다. 실제로 가까이서 공을 들이고 사용하는 쪽에 더 의미를 둔다. 흔히들 먼 곳에 사는 친척보다 가까운 '이웃사촌'이라고 하는 것과 같은 맥락이다.

가족 관계도 그렇다. 호적상 '가족'으로 올려진 것만이 다가 아니다. 일 년을 두고 한두 번 볼까 말까 하는 관계라면 '이웃사촌'이 더 나을 수 있다. 얼마나 서로 마음을 나누고 지내는지에 더 비중을 두어야 한다. 그러니 흙을 일구고 정성을 들인 다음에 상반한 소출을 얻고 지내는 내가 사실상 주인이다. 대지는 대지, 자연은 자연인 것이지 인간의 것은 아니다. 저 땅이, 저 산이 내 것이라고 주장하는 것은 인간 위주의 오만한 생각일 뿐이다.

어쭙잖은 농사지만 하늘의 도움 없이는 헛방이다. 제아무리 부지런을 떨어봐야 가뭄이, 장마가, 태풍이, 병충해가 들면 제대로 된 결과물은 얻지 못한다. 때맞추어 볕과 바람이 교대로 드나들고, 밤이면 달과 별이, 새벽이면 눈썹달이 내려와 은은하게 스밀 때 양질의 먹을거리를 얻을 수 있다. 농부의 손길은 나중이다.

요즘 같은 한여름에는 밭에서 지내는 시간이 늘어난다. 가을 수확은 삼복더위를 잘 견뎌야 열매가 튼실하다. 손수레에 물통을 잔뜩 싣고 찾은 밭에는 새들새들 타들어가던 푸성귀가 일제히 내 쪽을 향해 '야, 주인이다!'라고 외친다. 일일이 목을 축여주고 있으면 그렇게 마음이 뿌듯하고 편안할 수가 없다. 한창 열매를 달기 시작한 고추는 지지대를 거들어주고 어깨가 축 처진 오이순은 대추나무 가지에 올려 고정한다. 어른 주먹만 한 애호박 밑에 풀 방석을 깔아줄 때는 콩죽 같은 땀이 볼을 타고 흐르지만, 생각만치 덥지는 않다.

내가 좋아서 하는 일에 정신을 팔고 땀을 흘리는 것만치 의미 있는 작업도 없을 것이다. 어린아이가 장난감에 정신을 팔고 놀듯, 텃밭은 자연과 내가 서로 교감하고 삶을 배워가는 교실이자 놀이터다. 밭에는 절기에 맞춰 씨앗을 파종하지만, 그때그때 종묘상에 들러 전문가가 키운 모종을 입양해서 키운다.

모처럼 아침방송에서 낮부터 비 소식을 전했다. 말간 하늘에 무슨 비가 올까 했는데 신기할 정도로 돌연 비 올 징조가 완연하다. 순식간에 먹구름이 몰려와 하늘을 가리고 사방 어둑발이 깔린다.

우선 비바람이 일면 옥수숫대가 바람을 받아 '서걱서걱' 온몸을 비빈다. 비 소식을 알아차리고 시퍼런 이파리를 비비면서 내는 소리라니…. 이는 영락없이 비구름이 몰려오고 있다는 전주곡이다. 나는 이 소리를 무척이나 좋아한다. 어쩌면 이 소리를 듣기 위해 해마다 옥수수를 고집하는지도 모른다.

'후두두' 빗소리가 요란하다. 가뭄으로 타들어 가는 밭에 비 떨어지는 소리를 듣는 것만큼 기분 좋은 일도 없다. 그것은 자식 입에 밥 들어가는 것을 지켜보는 부모 마음과 다르지 않다. 마치 세상의 평화가 시작된 것처럼 든든하고 편안해서 머릿속은 맑은 시냇물이 흐른다. 상추와 쑥갓이 쑥쑥 크겠구나, 옥수수 알이 굵어지겠구나, 싶어 안도의 숨을 내쉰다. 더위쯤이야 한 방에 달아난다.

더위는 마음먹기 나름이다. 한바탕 땀범벅을 치른 뒤 빗소리에 귀를 내주고 거실 바닥에 벌러덩 누워 쉬는 것만치 달콤한 휴식도 없다. 이때는 유달리 정신이 말똥말똥해 잠자던 감성이 날갯짓을 한다. 한갓지게 즐기는 달콤한 휴식, 이보다 더한 피서가 또 있으랴.

여름은 더워야 제맛이다. 더워야 과일에 단맛이 들고 농작물은 제대로 성장해서 알이 야물다. 척박한 농사를 속속들이 거들어 주는 더위와 비는 신의 손길이다. 한바탕 비를 뿌리고 지나간 대지는 한결 성숙하고 맑은 세상이 펼쳐진다. 다시 살아나는 신록의 향기와 푸성귀의 싱그러움이 내 삶에 생기를 더한다.

오늘도 일찌감치 더위를 데리고 텃밭으로 간다.

맹물

이글거리는 불볕을 정수리에 이고 오전 내 밭고랑을 후비적거린다. 콩죽 같은 땀을 흘리며 목구멍으로 넘기는 물맛이 달짝지근하다. 세상 어떤 요리가 이보다 더할까. 이는 절체절명의 순간에 만날수록 더 빛나는 음식이 아니던가.

더위를 피해 새벽부터 시작한 밭일이 해가 중천에 걸려서야 숙지근하다. 고춧대를 세우고 고구마 모종을 내는 일 말고도 기를 쓰고 고개를 건들거리는 풀을 상대로 전쟁 아닌 전쟁을 치르느라 시간도 더위도 다 잊었다. 그간 서울 아들네 집에 들렀다가 손주 재롱에 빠져 미루었던 것을 한꺼번에 밀린 숙제하듯 밭고랑에서 무릎을 꿇었다. '손자 사랑' 마법에 걸린 대가를 오지게 치른다.

온 천지에 난장판을 벌이는 바랭이며 쇠비름 풀을 손아귀가 얼얼하도록 뽑아치웠다. 생명력이 모진 놈들이 내가 휘두른 호미 무기에는 어쩔 수 없이 항복했다. 기세등등 악을 쓰던 것들이 결국 둔덕에서 숨소리를 죽인다. 대신, 나는 시위 아닌 시위를 진압하고 잠시 휴전에 드는 여유를 얻는다. 이럴 땐 손에 들고 간 맹물 한 통이 답이다.

만물이 얼어붙는 겨울 한 철만 빼면 사흘들이 풀과의 전쟁을 치르느라 진땀을 뺀다. 다 키운 농작물을 데친 삼복더위는 사람까지 달달 볶으니 정신이 더 오락가락한다. 여전히 호미질은 어설퍼 애먼 생명까지 피해를 주는 실수를 범한다. 이때 만일 진정제가 되는 맹물이 없다면 나는 생목숨까지 죽이는 폭군이 될 것이다.

노동 중에 상노동이 농사일이라 여름철 밭일에 들고 간

한 통의 맹물은 비상약이고 필수도구다. 물은 더위에 지친 내 혈관을 타고 마치 에너지가 바닥난 자동차에 연료를 충전하듯 기운을 되살려 주는 감로수이다.

우리 집 냉장고에는 시중에 흔하게 파는 음료수를 좀처럼 만나기 어렵다. 당장 혀를 즐겁게 하는 달달한 음료는 갈증만 더할 뿐 더위를 식히는 데는 도움이 덜하다. 또한 보리나 결명자로 끓인 물은 자꾸 차 맛이 입안에 남기 때문에 성에 차지 않는다. 물정 모르는 남자 배우는 TV 화면에서 새로 나온 음료를 기분 좋게 권하며 엄지손가락을 치켜세우지만 심드렁할 뿐이다. 세대 차이일 것이다.

젊었을 때는 톡 쏘거나 알싸한 콜라와 사이다 같은 음료수 '킬러'였다. 머릿속이 복잡하거나 하는 일이 성에 차지 않을 때면 팔뚝만 한 음료수병을 한숨에 비워야 속이 후련했다. 돌아서서 보는 색다른 마실 거리에는 즉시 마음을 바꾸는 음료수 광이었다.

하지만 그런 건 다 한때였다. 시간이 지나면서 몸은 본능적으로 순수하고 담백한 맹물을 원했다. 달달하거나 향이 들어간 물은 중독성만 있었지 진정한 갈증 해소에는 맹물만 한 것이 없었다. 더구나 밭일을 할 때는 더 그랬다. 그래서 말인데 어쩌면 농사로 땀을 흘려본 이라야 진정한 물맛을 안다는 쪽이다.

오래전, 친정집 담장 아래 우물은 유독 물이 좋았다. 아버지가 직접 눕을 들여 파서 그런지 어지간한 가뭄에도 끄떡없었다. 여름날 들일을 나가시는 부모님은 물 주전자부터 챙기셨다. 용광로처럼 타는 불볕 아래서 종일 논일 밭일을 하는 데는 물이 필수도구이고 비상음식이었다.

대문을 들어선 아버지는 우물부터 찾으셨다. 땀범벅이 된 몸을 시원한 맹물로 축이고 기분 좋아하시던 모습은 지워지지 않는 무늬로 남았다.

어머니는 아침을 우물가에서 시작하셨다. 조심조심 두레박 가득 물을 길어 올리는 모습은 아침 햇살만큼이나 환했다. 마치 세상의 시발점을 대하는 의식을 치르듯이나 진지했던 어머니, 그것은 식구들의 건강과 안녕을 비는 기도와도 같았다.

식구들이 둘러앉은 밥상머리에는 습관처럼 우물물을 함지박에 담아오셨다. 아버지는 한 사발의 맹물에 집 간장을 떨구어 손가락으로 휘휘 저어 넘기며 '최고'의 냉국으로 치셨다. 그렇게 우물물은 식구들의 몸과 마음을 살찌게 거드는 건강 지킴이이자 종합영양제였다고나 할까.

중늙은이가 돼서야 제대로 물맛을 알아간다. 세상사 그것이 어디 물맛뿐일까마는, 나이가 들수록 단순하고 담백한 것에 마음이 간다. 일부러 꾸며서 복잡하고 화려한 것, 당장 달콤한 것에는 관심이 시큰둥하다. 나이가 들어간다는 증거일 테다.

인간관계도 다르지 않다. 위선과 가식이 들어간 상대는 마주하기가 불편하고 부담스럽다. 당장 달콤한 말로 비위를 맞춘다거나 자신의 박식함이나 화려한 프로필을 애써 내세우려는 상대는 거부반응이 인다. 그런 이와 만남은 그리 오래가지 못한다. 반면, 소탈하고 솔직해서 진정성이 느껴지는 이를 보면 마음의 멍석이 깔린다. 그런 사람 앞에서는 일부러 주저리주저리 말하지 않고도 얼마든지 편안하고 자유로워지지 않던가. 솔직히 상대의 인품에서 맹물 맛이 느껴질 때 나는 친구 하고 싶은 마음이 생긴다.

모르는 이는 무슨 시시한 물 타령이냐고 하겠지만, 자신을 향해 고요를 청하고 앉아 맹물 한 잔을 양손으로 모아 생각 꽃잎을 띄우는 여유를 찾아보시라.

우리가 밖에서는 어쩔 수 없이 요란한 음료수를 대하지만, 집에 들어오면 맹물을 찾는 것은 다 본래의 나로 돌아왔다는 증거일 게다. 또 어떤 중요한 회의석 같은 데서 맹물 한 병을 탁자 위에 준비하고 있는 것이 본성을 잃지 않기 위함이 아닐는지….

이를테면 성품이 지극히 순하고 선한 이를 두고 '맹물 같은 사람'이란 말을 한다. 잘못된 표현이다. 얼핏 생각하면 각박한 현대를 살아내려면 남이 달리니 덩달아 달리고 약삭빠른 '여우'로 행동하는 것이 방법일 것 같지만, 그렇지 않다. 이는 얄팍한 한때의 판단일 뿐, 우리가 살 만치 살다가 맞이하는 생의 마지막 종점에서는 청렴하고 진솔한 인간관계를 이어간 이의 자리가 훨씬 빛날 것이다.

올해 들어 손주 재롱에 빠져 지내다 보니 덩달아 마음이 아이처럼 변한다. 이제 막 세상 밖으로 나온 아가는 '맹물'이다. 고사리손으로 유혹하는 사랑스러운 내 혈육, 그 안에 우주의 맛이 다 들어있음을 안다. 지난날 복잡했던 내 영혼의 맛은 조금씩 맹물로 헹궈나가야 할 성싶다. 손주의 탄생은 한동안 시들했던 내 일상에 활력을 더해주는 보약이고 묘약이 되고 있다. 귀한 보약을 날마다 가슴으로 마시고 사는 행운을 누림이 과분하다.

더위가 뒷걸음질한다. 모처럼 삶의 밭고랑에서 걸어 나와 여유를 얻는다. 맹물 한 통이면 견딜 수 있을 만치 생긴 면역으로 중늙은이에게 삼복더위는 더 이상 문제가 되지 않는다. 지난날 잡동사니로 얼룩진 삶의 맛보다는 남은 내 삶의 여정에서 만나는 목마른 이 앞에서 한 사발의 시원한 맹물이기를.

봄바람

봄이 겨울 강을 건너오고 있다. 바람 속에서 부드럽고 온기에 찬 생명의 태동이 느껴진다. 개나리와 진달래, 목련의 꽃눈을 간질이고 침묵에 든 대지를 흔들어 깨운다.

봄바람의 유혹에는 온갖 것들이 기지개를 켠다. 언 땅을 헤집고 나오는 씨앗, 낙엽 밑이나 응달에서 겨우내 숨죽여 지내던 곤충의 미세한 알들이 그가 전하는 말을 귀담아듣는다. 얼어 지내던 내 감성의 속 뜰에도 청순한 매화 향이 날아든다.

봄바람만큼 은혜로운 배달부도 없지 싶다. 보이지 않는 가방 속에는 신비의 선물로 가득 채웠다. 비밀정원을 연두로 칠할 붓, 요상한 모양을 만들어 내는 마술 상자, 봄노래를 연주할 악기까지….

온갖 희망의 편지란 편지는 다 들었다. 묵은 생각을 떨치고 일어설 용기를 주는 메시지와 새로운 시작을 알리는 사랑의 글귀들로 가득하다. 모든 생명을 존중하라는 말에는 밑줄을 쓱 그어놓았다. 그는 위대한 화가이자 천상의 시인이다.

해마다 봄이 오는 길목에 서면 가슴이 설렌다. 땅속 깊숙한 곳에서나 먼 아지랑이 너머에서 북소리, 징 소리, 피리 소리를 듣는다. TV 화면에서는 다랑논을 가는 필부(匹夫)의 어깨와 엉덩이는 실룩거리고 덩치 큰 황소의 고삐를 잡은 손은 콧노래가 흥겹다.

바야흐로 봄이다. 보이지 않는 것을 보게 하고, 들리지 않는 것을 듣도록 가르치는 봄바람이다. 보이는 것보다 보이지 않는 것, 들리는 것보다 들리지 않는 것을 헤아린다 함은 얼마나 감각 있는 일인가. 그것은 무엇에도 비할 수 없는 귀한 거라서 그를 보거나 들을 수 있는 이라면 축복받은 사람이라 하겠다.

나는 다시 깨어나는 부드러운 대지 위를 두 발로 당당하게 딛고 싶다. 하늘을 향해 팔을 힘껏 뻗치고 봄바람을 맞는 들녘이 되고 싶다. 땅속에 엎드려 꿈틀거리는 씨앗이 되고 싶다가, 들판을 가로질러 흐르는 실개천의 버들강아지를 꿈꾼다. 그래서 내가 선 자리가 세상의 중심이었으면 좋겠다.

봄에는 어떤 화두가 좋을까. 부질없는 집착이나 헛된 망상은 가뭇없이 날려 보내고 슬프거나 외롭거나, 우울하거나 원망 섞인 마음에서 달려 나와 새 생명과 손잡고 어우러져야 할 터다. 쓸데없는 체면이나 가면 따위는 벗어던지고 오롯이 내 안에 말간 거울 하나 달아둘 일이다. 그래서 더는 칙칙하거나 습한 곳을 지나 풋풋하고 싱그러운 봄을 맞을 테다.

다시 깨어나야 한다. 새 날개를 달고 창공을 나는 종달새처럼 생명의 축가를 전하며 그들과 한통속이 되어야 하리. 봄바람이 전하는 편지조차 읽지 못하는 바보는 싫다. 나름의 잎이든 꽃이든 피울 일이다.

융숭한 숲속으로 새들이 찾아오고 나비와 벌이 날아들도록 거들어야 한다. 귀한 시절을 허투루 쓰지 말아야 한다고, 지금이 최고의 순간이라고, 봄바람이 귓속말로 다가와 알리지 않은가.

새해에는 너나없이 희망이라는 보따리를 그러안는다. 하나, 지금쯤 그 마음이 흐지부지 흔들리고 있다면 다시 한번 다잡을 일이다.

시간은 신이 주신 가장 귀한 선물이라고 했던가. "우리는 다음 세상 신 앞에서 자신이 쓴 시간에 대해 정확히 해명해야 한다."라고 요한 세바스틴은 단언했다. 이 봄, 신이 준 귀한 선물을 그대는 어찌 쓰고 있는지 물어보고 싶다.

봄바람이 향기 섞인 입김을 불어 창문을 두드린다. 그가 전하는 생명의 말, 희망의 말, 감사의 말을 전해 듣기 위해 새벽잠을 설친다면 그는 분명 행복한 사람이다.

은행나무

텃밭으로 가는 길목에 집채만 한 은행나무 한 그루가 있다. 시도 때도 없이 그 앞을 오가지만, 오늘 아침에 바라본 나무는 달랐다.

회갈색 속살을 오롯이 드러낸 은행나무다. 봄부터 걸쳤던 옷을 미련 없이 내려놓고 차가운 바람 앞에 선 것이 마치 속세를 떠나 참선에 든 수행자의 모습이다.

수행자는 봄부터 여름 내내 푸른 법복을 걸치고 지냈다.

삼복더위는 뭇 매미를 불러 모아 경전을 설하고 아래로는 시원한 그늘을 드리워 사람들에게 쉼터를 내주어 자비를 실천했다. 계절을 지나 선들바람이 찾아들자 '수우 수우' 깊은 명상에 젖어들었다. 자연의 섭리대로 순응하고, 이제는 근원인 뿌리로 돌아갈 때를 알았던지 이파리를 노랗게 물들였다. 바람에 흔들리는 것들은 죄다 대지로 돌려주고 마지막 남은 사리 열매까지 내준 다음 빈몸을 자청했다. 그를 바라보고 있으면 마음이 편안했다. 그것은 내년 봄에 새로이 채워질 다음 세대에게 자리를 기꺼이 내주기 위함이었다. 아름다운 소멸이었다.

이 겨울, 은행나무는 가장 원초적인 모습으로 서 있다. 있는 것을 없는 체하거나, 없는 것을 있는 체하지 않은 말간 나체다. "빈몸으로 태어나, 옷 한 벌을 건졌다."라고 노래하는 인간과는 격이 다른 모습이다.

유독 걸치는 것에 길든 동물이 인간이다. 때와 장소에 따라 걸치고 가리는데 온갖 공을 들이며 에너지를 소비한다. 거기다 눈에 보이지 않는 명예까지 걸치지 못해 안달들이다.

나도 예외는 아니다. 현관문을 나설 적에는 거울 앞에서 머리부터 발끝까지 요모조모 치장을 하고서야 대문을 나서지 않는가.

얼마 전 동네 목욕탕에서 아는 이웃을 만난 적이 있다. 실오라기 하나 걸치지 않은 알몸으로 만난 것이 부담스러워서 언뜻 눈인사로만 지나쳤다. 아무리 나이 들어가는 중늙은이라지만 알몸 대면은 그리 달갑지가 않았다. 상대의 시선을 벗어나 구석 자리로 간 다음에야 편안하게 목욕을 즐길 수 있었다. 하나, 잠시 뒤에 그는 다시 한증실 안에서 마주치고 말았다. 동네 여자들의 수다를 피해 돌아앉은 내 어깨를 흔드는 바람에 어쩔 수가 없었다.

"전혀 몰라볼 뻔했어요."

한정된 공간에서 그냥 스쳐 지나가는 말이려니 생각할 수도 있었지만, 은근히 그의 속내가 궁금했다. 이것저것 걸치고 가려서 잔뜩 멋을 부렸을 때와는 판이하게 느낌이 다르다는 말뜻이었을 게다.

그렇다. 나는 어쩌면 두 얼굴을 가진 존재였을지 모를 일이었다. 그의 말대로라면 겉과 속이 다른 인상이라는 말임이 틀림없다. 알몸일 때가 그간 내 이미지와 퍽 다르다는 사실은 한참이나 생각해 볼 일이었다.

은행나무는 겸손하다. 인간처럼 으스대거나 일부러 꾸미려 들지 않는다. 민낯 그대로 보여주고, 자연의 순리대로 따르고 순응한다. 결국, 겸손이란 있는 그대로를 보여주는 것이리라. 대부분 사람은 자기를 낮추는 것을 겸손이라고 생각하는 것 같다. 알면서 모르는 척, 있으면서도 없는 척, 잘났으면서 못난 척 낮추기만 하면 겸손일까? 그것은 위선이다. 속으로는 상대를 자기보다 못하다고 생각하면서도 굳이 허리 굽히는 것은 마치 한 표를 얻기 위해서 굽실거리는 정치꾼의 속셈과 뭐가 다를까.

솔직하게 드러내는 것이 겸손이다. 무조건 상대는 높이고 자신을 낮춘다고 다 겸손은 아니다. 비싼 옷을 걸쳐 자신을 과장하거나 꾸미려 들지 말 것이며 미화하거나 변경하지 않고 있는 그대로를 보이는 것이 겸손이다.

은행나무를 올려다본다. 걸치고 가리는 것만이 대수가 아니라 드러내는 데 익숙해야 한다고 가르친다. 솔직하게 보여주는 따뜻한 가슴만이 상대와 나를 편안하게 하는 방법이라 한다. 그것이 나와 이웃을 데우는 일이어서 마침내 서로 간에 더 웅숭깊은 사랑이 생겨날 것이고 믿음을 주는 상대로 인정될 것이라고 전한다. 은행나무는 이 겨울, 설법 중이다.

인간 승리

폴 포츠. 그의 나이는 45세. 영국 휴대전화기 판매원이다. 허름한 정장에 불룩 튀어나온 배, 입 벌리면 부러진 앞니, 볼품없는 인상을 가진 그는 한때 세계를 놀라게 한 주인공이다.

유년시절 그는 우연히 차이콥스키의 곡을 듣게 되면서부터 클래식 음악에 관심을 가지게 되었다. 장성하면서 언젠가는 오페라 가수가 되겠다는 꿈을 버리지 못했다.

해를 거듭할수록 그 꿈은 차돌처럼 여물었다. 휴대전화기 판매로 얻은 수입 전부를 성악을 배우는 데 쏟아부었다. 못생긴 외모에 교통사고, 뇌종양 수술이라는 온갖 어려움을 겪으면서도 자신의 꿈을 이루기 위해서라면 포기하지 않았다.

갈망하면 이루어진다고 했던가. 마침내 그에게 기회가 찾아왔다. 명성 높은 '브리튼서 갓 탤런트' 오페라 경연대회에서 "흙속에 진주다."라는 심사위원의 찬사를 들으며 꿈은 이루어졌다. 각처에서 몰려든 기자들이 그에게 다가가 물었을 때 "절대 포기하지 않았다."라는 짤막한 답변이었다.

"만약 이번에도 실패했다면?" 하는 질문에는 망설임 없이 "다시 휴대전화기 판매원으로 돌아갈 것이다."라고 했다. 꿈을 이루기 위한 그의 열정은 한결같았다.

사람들은 누구나 자신이 좋아하는 것을 하고 살아가기를 원한다. 하지만, 그게 마음처럼 쉬운 일이던가. 당장 눈앞의 현실이 시키는 대로 하다가 보면 본인의 의지와 상관없이 남의 신발에다 나를 맞추고 지낼 때가 태반이

지 않던가.

흔히 말하기를 사람들은 사는 동안 세 번은 기회가 온다고 한다. 누구든 그 기회를 놓치지 않으려 하겠지만, 그것은 단지 본인의 능력에 달렸을 것이다. 자신이 하고자 하는 꿈을 위해 얼마나 갈망하고 긍정적인 사고로 노력하는가에 따라 달라질 것이다. 기회란 뜬금없이 얻어지는 로또 같은 행운이거나, 감나무 아래 누웠다가 우연히 받아먹게 되는 홍시 같은 것이 아니다.

학창시절, 내 꿈은 작가가 되는 거였다. 그때는 무슨 생각에서 그랬는지 몰라도 막연히 그랬던 것 같다. 책이 귀했던 시절이라 집에는 교과서 말고는 읽을거리가 궁해서 학교 도서관은 책을 마음대로 읽을 수 있는 것에 비중을 두고 부지런히 드나들었다.

초등학교 여름방학이 끝나갈 무렵이었다. 방학 동안 노는 데 정신을 팔다가 밀린 숙제는 며칠 만에 다 해치웠다. 급하게 써야 하는 일기 숙제는 태반이 거짓일 수밖에 없어서 선생님 앞에 숙제를 내는 손은 후들후들 떨리고 쑥스러웠다.

며칠 뒤 과제물을 되돌려 주시던 선생님은 뜬금없이 백일장에 나가 보라고 권했다. 미처 백일장이 뭔지 몰랐던 나는 도둑이 제 발 저리다고 "예? 제가요?"라며 토끼 눈으로 손사래를 치며 선생님 얼굴을 한참이나 바라보았다. '백일장'이 낯선 장소에 가서 백일 동안 숙제하는 벌인 줄 알고 지레 겁을 먹었던 기억은 지금 생각해도 웃음이 난다.

요즈음에야 어린아이의 숨은 끼를 찾아주려고 부모가 쌍 귀를 세우는 시대지만, 예전에는 그렇지 못했다. 당장 시험성적만 잘 나오면 우등생, 모범생이었다. 어쩌면 그때가 내 문심의 첫 번째 기회였는지도 몰랐다.

인생의 햇볕이 서쪽으로 비스듬히 기우는 지명을 훌쩍 지나 시작한 문학 공부지만, 재미를 느낄 때가 잦다. 자식 가름을 마친 인생의 후반부에 만난 공부는 서로 쓰다듬고 지내는 친구 같은 존재가 되었다. 하늘의 뜻을 알아간다는 지명이 어떤 이에겐 쓸쓸하고 우울하다지만 내겐 상관없는 이야기가 되었다.

주변 작가가 보낸 수필집을 읽느라 어떤 날은 세수도

잊은 채 종일 꼼짝없이 지낸다. 거실 거울은 그런 나를 늙은이로 비추며 답답한 이라 취급하려 들지만, 속 뜰은 충분히 충만하니 불만이 없다. 도리어 '수필 쓰기에 좋을 때'라고 거울 속 여자를 설득시킨다.

무엇을 시작하기에 충분할 만큼 완벽한 때는 없다고 했다. 중년은 수필 쓰기에 적기이다. 일찍이 피천득 선생은 "중년 고개를 넘어선 사람의 글"이 수필이라고 하지 않던가. 그렇다면 요즘의 나한테 수필만 한 친구가 또 있을까 싶다. 외롭고 힘들 때마다 스스로 최면을 걸어가며 긍정의 말을 전하는 친구 같은 존재. 만약 수필공부를 몰랐더라면 삶은 훨씬 우울했을 것이다.

배울수록 수필 한 편 써내기가 두렵고 어렵다. 때로는 가위눌린 꿈을 꾸듯, 막다른 벼랑 끝에 선 듯, 글 몇 줄 쓰는데 땀을 뻘뻘 흘린다. 그때마다 선배작가의 작품을 접하며 좋은 수필을 쓸 수 있겠다는 긍정의 마음을 키운다.

태어날 때부터 팔다리가 없는 선천적인 장애를 가진 '닉 부이치치'를 모르는 이는 드물 것이다. 실제로 그가 처한 현실은 누가 봐도 절망적인 모습이다. 하지만, 사지가 없어도 스케이트보드를 타고, 서핑하고, 드럼을 수준

급 이상으로 연주해낸다. '장애는 극복하는 것'이라고 서슴없이 말하는 그는 누구보다 행복하게 살아가고 있다. 결코, 자신의 처지를 핑계 삼아 절망하거나 삶을 포기할 기색은 찾아볼 수 없다. 그저 밝고 환한 인상과 긍정의 마음만 한결같다. 그가 우리에게 보이는 것은 본인이 처한 현실이나 환경이 아니라, 한결같은 '긍정의 힘'이라는 답을 얻는다.

비록 세계를 놀라게 한 폴 포츠, 닉 부이치치의 인간 승리가 아니어도 좋다. 맑은 날 거실 의자에 앉아 바람이 넘겨주는 수필집에 정신을 두고 있을라치면 세상 없는 부자가 된다. 저녁나절이면 일찌감치 옥상으로 올라가 저녁마을 나온 '월광보살', '별님 도반'을 청하고 두런두런 속내를 전하느라 밤이 이슥해서야 잠자리에 들기 일쑤다. 지난 그리움이 밀려올 때는 컴퓨터 자판 앞으로 다가가 조곤조곤 속내를 옮겨 적으며 밤이 깊어가는 줄 모를 때, 나 또한 인간 승리다.

아침나절, 습관처럼 레인지 위에 찻물을 올리고 음악을 듣는다. 폴포츠가 들려주는 푸치니의 오페라 '투란도트'의 아리아 「공주는 잠 못 이루고」가 그윽하게 흐른다.

제피나무

우리 집 뒤란에는 내 키만 한 제피나무가 한 쌍 있다. 수년 전 이 집으로 이사 올 때 동네 뒷산에서 데리고 온 것이다. 봄이면 새순을 틔우고 한여름에는 붉은 열매를 살갑게 달아 그간 효자 노릇을 톡톡히 했다. 이파리를 찌개나 된장국에 넣고 끓이면 특유의 향 때문에 깊은 맛이 훨씬 더하다. 열매는 햇볕에 바짝 말려 가루로 빻은 것을 추어탕이나 매운탕에 곁들여 우리 부부는 특유의 아릿함을 즐겼다. 제피가루를 살짝 넣어 버무린 열무김치는 생각만 해도 군침이 다 돈다.

이런 제피나무가 작년 봄 나란히 싹 틔움을 멈추었다. 봄내 미동 없이 시커먼 맨 가지로만 서 있었다. 계절도 시간도 망각한 채, 세상이 귀찮은 듯 살아내기를 체념한 몰골이었다. 나무가 봄마다 튼실하게 거듭남을 펼치는 것은 당연하다고 생각했었다.

대체 원인이 무얼까 싶었다. 어떤 일이든 원인 없는 결과는 없다고 하지 않던가. 비록 담벼락 밑에 자리한 보잘것없는 장소지만, 햇살과 바람이 드나들어 가장귀와 이파리를 충분히 쓰다듬었을 터였다. 야산 비탈만 한 환경은 아니어도 그리 나쁘지 않다고 생각했다. 하지만 근래 들어 주변 사정이 좀 달라진 것이 있긴 했다.

그렇다. 두어 평 남짓한 뒤란 정원은 이태 전 불쑥 들어선 옆집 4층 건물에 가려 볕과 바람이 귀했다. 감정도 사고도 없는 나무라지만, 미처 헤아리지 못하고 건성으로 지나쳤던 것이다.

환경이 얼마나 중요한가. 한창 성장기의 아이가 주변 가족들이 주는 관심과 사랑을 바탕으로 올바른 인격이 형성되는 것처럼, 제피나무가 지내기에는 환경이 열악했던 것을 뒤늦게 알았다. 주인을 향해 숨이 막히고 볕이 그립다고 애타 하는 것을 헤아리지 못했다. 나는 햇살과 바람이 그리우면 커튼을 올리고 창문을 열어젖히면서 나무에는 오로지 잎과 열매만을 닦달하는 무심한 주인이었다.

"텃밭 둔덕으로 옮기면 살아날까?"

당장 괭이를 찾아 흙을 파헤쳤다.

"아, 이럴 수가!…." 흙을 한 뼘쯤 파헤치는데 금방 딱딱한 시멘트 바닥이 드러났다. 허옇게 마른 뿌리가 실타래처럼 뒤엉긴 데다 푸석한 흙이 모래로 스르륵 흘러내렸다. 겸연쩍기 그지없었다.

제피나무를 감싸쥔 채 텃밭으로 가는 걸음은 신발 굽이 반쯤 땅바닥에 붙인 죄인이 된 심정이었다. 탱자나무 울타리 옆에 나란히 자리를 정하고 웅덩이를 깊게 팠다. 잔뿌리까지 정성으로 챙기어 물을 흥건하게 준 다음 흙을 덮어 밟으며 간절히 부활을 빌었다.

텃밭 둔덕에 자리 잡은 제피나무는 마치 몹쓸 병에 걸

린 암 환자가 명의를 만나 제대로 수술을 받은 느낌이었다고나 할까.

생명은 무서운 거였다. 작년 봄 텃밭으로 간 제피나무가 올봄에 새순을 곱게 틔웠다. 혈색이 돌아온 가지마다 납죽한 잎을 달아 나풀나풀 봄 노래를 메들리로 풀어낸다. 때가 되면 이파리 위로 빨갛게 열매를 달겠다는 기세다.

나무는 분명히 목적이 있었던 거였다. 허무하게 생을 포기하기는 싫었던 것이다. 무심코 훌쩍 던져버렸다면 어찌되었을까.

생을 접을 뻔했던 제피나무는 자신의 불찰이 아니었다. 건물에 가려 바람과 햇볕이 턱없이 부족했을뿐더러, 시멘트 바닥 때문에 뿌리가 수분을 얻지 못했다. 주인마저 무관심했으니 살아날 길은 요원했었다.

텃밭은 나무의 고향이나 진배없는 곳이다. 이제 하등의 장애물이 없을뿐더러 마음껏 뿌리를 내릴 수 있는 환경이다. 햇살과 바람 친구, 달님이나 별님이 오롯이 그의 이웃이다. 그래서일까. 하루가 다르게 제피나무가 내는 아린 향이 콧속까지 간질인다.

어느새 중년이 기울었다. 딴에는 열심히 산다고 살았으나 별로 해 놓은 것 없이 허송세월만 보낸 격이다. 젊은 날은 자식과 남편을 핑계 삼아 나한테는 많이 소홀했다. 달빛이나 햇빛, 바람이 주는 고마움 같은 자연을 가슴으로 느낄 만한 여유가 없었다.

마침내 자식교육과 결혼이란 숙제를 마쳤으니 여유가 생겼다. 앞으로의 시간은 나를 위해 써도 될 성싶다. 햇빛달빛은 나를 향해 비출 것이고 몹쓸 시멘트 바닥 같은 장애물이 없는 자유의 몸이다. 제피나무가 다른 세상을 만나 새순을 틔우는 것처럼 나 또한 나를 위한 시간이어도 좋을 터이다. 잎이 무성해지거든 열매를 달아도 좋은 환경이 된 것이다.

허망하게 생을 접을 뻔했던 제피나무를 바라본다. 아린 향을 사방으로 날리는 제피나무가 마치 힘든 고비를 겪고 일어선 성공한 인생의 승자처럼 보인다.

유월 염천쯤이야 아무 문제없다며 어깨춤을 추는 제피나무 옆에서 한참이나 서성거린다.

하프 타임

간밤에는 축구경기로 온 나라가 후끈 달아올랐다. 늦은 밤에 치르는 경기였지만, 사람들의 관심은 대낮처럼 깨어있었다. 뜨겁게 달아오른 응원 때문인지 우리 측이 전반전 한 골을 먼저 넣는 데 성공하자 온 나라가 흥분의 도가니로 변했다. 하지만 열기가 채 가시기도 전에 어쭙잖게 상대편에게 한 골을 허락하고 말았다. 아쉽게 전반전 경기는 동점인 채로 끝이 났다. 지켜보던 사람들은 아쉬움의 발을 동동 구르며 잠시 후 치러질 후반전을 기대하는 눈은 그대로 화면을 지켰다.

선수들은 잠시 하프타임에 들었다. 전반전을 지나 후반전을 앞두고 10여 분 경기를 멈추고 쉬어가는 시간이다. '쉬는 시간'인데 화면에 비치는 감독과 선수의 표정들이 예사롭지 않다. 후반전을 위한 작전을 짜고 몸의 상태를 최고로 관리해 반드시 승리하겠다는 그들의 눈빛은 비장하기까지 했다.

하프타임은 단순히 '쉬는 시간'이 아니었다. 후반전을 준비하는 '골든타임'이었다. 하프타임은 경기시간 이상으로 놓칠 수 없는, 촌각을 다투는 황금 같은 시간이었다.

우리네 인생 경기도 이와 같으리. 이미 삶의 전반전은 치렀다. 젊은 혈기에 온 힘을 다한 경기였지만, 그리 만족할 만한 득점은 내지 못했다. 그래서일까. 다가올 후반전은 제대로 득점을 얻고 싶다. 축구든 삶이든 승패는 후반전에 달린 법. 전반전에서 경험한 것에다 진중함까지 더한다면 훨씬 믿음이 가는 경기가 되리라는 생각이다.

요즈음이 내겐 하프타임이다. 그렇다면 '골든타임'을 어떻게 쓰고 있는지가 관건이다. 늦은 감이 없지 않지만, 시간을 허투루 써서는 안 될 일이다. 이것이 사람에 따라 그 시기와 정도의 차이는 있을 것이다.

나한테 요즘 같은 평화가 찾아든지 그리 오래되지 않았다. 젊어서는 남편 뒷바라지에 자식 키우고 남의 머리 만지는 일로 허구한 날 119 소방대원처럼 설치느라 정신이 하나도 없었다. 일과 가족이라는 두 마리 토끼를 놓치지 않으려는 일념으로 치른 전반전은 번갯불에 콩 볶듯이 지나 보냈다. 물론, 대부분 사람이 다 그렇겠지만 말이다.

이제 자식들은 나름의 둥지를 틀어 날아가고 남편은 예전만치 내 손길이 필요하지 않다. 잔잔한 평화가 때로는 두려움과 허전함으로 돌변하는 바람에 마음에 먹구름이 일고는 한다.

귀중한 시간을 아무렇게나 보낼 생각은 없다. 남은 후반전 경기를 후회 없이 치르기 위해 치밀하게 작전을 짜고 관리해야 할 때다. 그것은 후반전 승리를 위한 전환점이 될 터이다.

남편은 다니던 회사를 정년 한 이후로 몇 해째 대충 시간을 지운다. 마치 정년한 것이 인생 경기가 끝난 양 몸과 마음을 오뉴월 엿가락처럼 늘인다. 이는 경기의 주자인 문지기가 골문을 포기한 채 패배를 인정하는 나태함이다.

나 또한 그간 해오던 일을 접었다. 그 대신, 매일 아침 책상 앞에는 큼지막한 백지장이 하루 숙제를 채워보라고 권한다. 그때마다 손에 잡히는 대로 책을 들고, 좋아하는 음악을 틀어 감성의 문을 열어젖힌다. 차곡차곡 쌓이는 영혼의 밥은 씹을수록 깊은 고소함이 더하다는 걸 알아간다. 그러다 간간이 머릿속에 산소가 필요할 적에는 근처 텃밭을 찾아 호미질을 하다 보면 하루해는 금방이다. 자연을 상대로 말을 걸거나 보고 들었던 것들로 백지 한두 장은 어렵잖게 채운다.

생의 후반전은 만족할 만한 경기를 소망한다. 지금까지가 외적으로 보여준 경기였다면 미래는 내적 충실로 다져진 성숙하고 치밀한 경기가 될 것이다. 물론, 만만치는 않겠지만.

삶의 전반전은 묵은 세월로 빠져나가고 후반전만 남았다. 내게 남은 잔고가 얼마쯤일까를 생각하면 정신이 번쩍 든다. 내가 경기를 마치는 날은 승패와 상관없이 관중으로부터 마음의 박수를 받고 싶다. 무리한 욕심은 부리지 않을 것이며 볼썽사나운 행동으로 심판의 경고를 받거나 퇴장당하는 일은 더욱 없을 것이다.

화면에는 다시 후반전 경기가 시작되었다. 투혼으로 경기를 해 나가는 우리 선수들에게 믿음이 간다. 전반전보다 훨씬 안정적인 경기를 보인다. 온 힘을 다하는 선수가 자랑스러워 응원을 아끼지 않는다. 경기가 종반에 접어들 무렵 심판으로부터 부당한 경고를 받은 것이 못마땅하지만 어쩔 수 없었다. 그런데 경기 종료를 목전에 두고 그만 상대에게 한 골을 허락하고 말았다. 기회를 놓친 선수들은 아쉬움의 눈물을 흘렸지만, 후회 없는 경기를 보여준 선수들에게 마음속에서 우러나는 손뼉을 한참이나 쳤다.

텔레비전에서 어젯밤 축구경기가 재방송 중이다. 하프타임을 지나 곧 후반전을 방영한다는 안내 자막이 엷결음질로 지나간다.

호두나무

친정집 뒤란에는 집채만 한 호두나무가 한 그루 있었다. 여름날은 시원한 그늘 멍석을 내어주고 가을이면 알토란 같은 실과를 '후두두' 뒤란 가득 떨구었다. 호두가 떨어지는 소리를 들으며 가을은 자꾸 깊어가고 고소한 알맹이는 식구들의 몸과 마음을 살찌웠다.

호두가 익어 떨어지는 소리는 늦은 밤 식구들이 깊은 잠자리에 들었을 때나 만물이 고요한 새벽녘에 더 분명했다. 껍데기를 걷어차고 알맹이를 만들며 내는 소리의 여운은 유별났다. 나는 그 소리를 듣느라 잠을 설쳐 늦잠에 들었다가 다음 날 아침은 엄마의 꾸중을 들으며 일어났다. 그래서일까. 내 유년의 기억창고에는 여전히 호두가 열리고 익어 떨어지는 추억의 소리가 진행형이다.

여름날 호두나무가 드리운 그늘 멍석에서 식구들은 땀을 식혔다. 그때마다 매미는 목청껏 노래를 불러주었다. 한창 사춘기 시절이었던 나는 그늘 멍석에 등을 붙이고 누워 생각에 잠기다가 설핏 꿈속으로 걸어 들어갔다. 언뜻언뜻 이파리 뒤에 숨은 새파란 열매를 훔쳐보는 재미가 쏠쏠했다. 자존심이 강한 호두나무는 내가 고개를 삐딱하게 젖혀 한참이나 따라간 뒤에 사 이파리 뒤에 감추다가 설핏 얼굴을 내밀었다. 하늘을 향해 뻗은 가지 끝에서 만난 주먹만 한 호두는 더 반가웠다.

선선한 가을바람이 불기 시작하면 하나둘 뒤란 가득 열매가 떨어지기 시작했다. 여름내 눅눅한 바람과 따가운 햇볕, 매미들의 합창이 하모니를 이루어 굵어진 알맹이는 유독 탱글탱글했다.

이른 아침, 잠에서 깨자마자 우리는 뒤란부터 찾았다. 아버지는 이미 곱게 비질을 해둔 땅에 나는 누드로 뒹구는 호두알을 함지박 가득 주워 담았다. 무심결에 머리 위로 '투둑' 호두가 정수리를 칠 때는 정신이 확 들었다. 높은 가지에서 떨어지면서 속도가 붙었던지 제법 맵게 내리쳤다. 속으로는 '옜다, 요놈이 나를 쳐?' 하면서 재바르게 양손으로 호두알을 받는 재미에 신이 났다.

가을이 깊어지면 아버지는 '호두가 다 익어 떨어질 때가 되었는데…….'라고 혼잣말을 흘리셨다. 열매가 푸진 날은 "애들아 어서 뒤뜰에 가 봐라. 호두가 풍년이구나." 하고 우리를 부르는 목소리에 한결 힘이 들어갔다. 그것이 어쩌면 당신은 호두 떨어지는 소리, 가을이 익어 가는 소리가 감당하기 버거웠을지도 몰랐다.

가끔 어른들이 집을 비운 밤이나 혼자 집을 지킬 때는 달랐다. '투둑' 호두가 떨어지는 소리가 무섬증으로 변해 가슴이 오그라들었다. 시간은 더디게 가고 호두는 자꾸 자꾸 떨어져 새가슴으로 어른들을 기다리다가 겨우 눈을 붙였다. 이런 풍경은 시간이 흐를수록 더 또렷해지는 그리움이다. 내 유년의 뜰은 요즘처럼 오염되고 복잡한 도시의 소음에 찌든 머릿속을 말갛게 씻어 주는 보약 같은 그리움의 장소다.

호두를 한 말쯤 줍던 날 밤이었다. 식구들은 앞마당에 멍석을 깔고 머리를 맞대고 둘러앉아 '호두파티'를 벌였다. 단단한 껍질을 깨고 속살을 빼는 일에 차돌은 필수도구였다. 호두는 당찬 자존심을 차돌로 정수리를 얻어맞고서야 고소한 속살을 허락하는 자존심 강한 실과다. 하긴, 귀한 속살을 지조 없이 허락하는 것보다야 훨씬 매력적이지만.

'톡톡', 호두 떨어지는 소리가 앞마당 멍석 위로 옮겨질 때는 가을이 절정이었다. 가족의 눈과 손은 호두를 떠나지 못했다. 차돌로 치고 알맹이를 깐 다음 입안에 나르느라 말수는 줄어들고 눈빛은 하늘의 별처럼 반짝거렸다. 눈과 손의 각도를 정확히 맞추어 손목 힘 조절이 민첩했던 오빠나 큰언니의 입은 호사를 누렸지만, 어리바리한 나와 동생은 애간장을 태우며 손목에 힘이 빠졌다. 요령을 금방 알아챈 작은언니는 기분 좋게 알맹이를 입으로 나르며 콧노래까지 흥얼거렸다. 간식거리가 귀했던 시절, 가을밤 호두파티는 요즘 말로 '짱'이었다. 차돌에 '톡톡' 호두 깨는 삼박자 소리 뒤에 먹는 호두 맛이라니…. 그것은 허기에 지친 흥부 뺨에 붙은 밥알 맛만치나 고소하고 달콤했다.

밤이 이슥해서야 잠자리에 들었다. 하지만 금방 숙면에 들 리 없었다. 갑자기 기름진 지방 성분이 들어간 배속은 구라파전쟁을 일으켰다. 결국 한꺼번에 변소 앞에서 순서를 기다리며 발을 동동 굴러야 했던 기억은 어젠 듯 선명한 그리움이다. 밤새 시계추처럼 변소를 들락거려야 했던 칠 남매는 이튿날은 늦잠에 취할 수밖에 없었다.

친정집은 동향집이어서 아침이면 유독 햇살이 곱게 퍼졌다. 황금빛 가루를 사방으로 뿌리며 동쪽 산 위로 불끈 솟아오른 아침 햇살은 온 집안을 골고루 쓰다듬었다. 마당에 깔아둔 멍석 위에 내린 햇살은 부드럽고 포근했다. 우물가 빨랫줄에 널어둔 붉은색 내 골덴 바지는 한아름 가득 해를 안고 개다리 춤을 추었다. 아침밥을 짓는 안채 부엌에서는 구수한 된장국 냄새가 새어 나오고, 사랑채는 쇠죽이 끓으면서 내는 김 소리가 드세게 휘파람을 불었다. 마당 구석진 곳, 우물 옆 창고 앞에는 바람이 뒤란에서 몰고 온 마른 호두나무 이파리가 무리 지어 나뒹굴었다. 아버지는 그걸 소쿠리에 쓸어 담아 사랑채 아궁이로 밀어 넣을 때마다 불은 금방 환하게 타올랐다.

열매와 잎을 다 떨군 호두나무는 '수우, 수우' 마른 바람을 끌어당기며 높아지고 멀어지는 가을 하늘을 불렀다. 걸쳤던 것이 다 원래로 돌아간 것에 대한 허망함을 달랬을 호두나무. 세월이 숱하게 흘러간 지금, 지난날의 추억과 그리움이 애잔하고 쓸쓸한 심사인 것은 나이가 들었다는 이유일 것이다.

그렇게 정정하던 호두나무가 사라호 태풍에는 속수무책으로 쓰러졌다. 하늘로 향하던 건장한 덩치에 생채기가 나고 피멍이 들어 쓰러지고 말았다. 집채만 한 나무지만, 자연의 위력 앞에서는 패잔병이 되고 말았다. 그 후로 뒤란을 비질하는 아버지의 발걸음은 줄어들었다. 호두나무가 바람을 끌어당기고 열매 떨구는 소리를 더는 들을 수가 없었다. 애지중지하던 옷가지를 바람에 날리듯 허전해

했을 아버지. 태풍을 원망하며 두고두고 아쉬워하시던 모습을 좀처럼 잊지 못한다.

호두나무가 있는 유년의 풍경은 그리움의 장소로 남았다. 간혹 식탁에서 맛보는 고소한 호두에서 '수우' 바람 소리나 '토독' 알맹이 떨어지는 소리를 듣는다.

인생의 가을이 무르익었다. 이제 중늙은이의 몸은 수분이 빠져나가 주름살만 자꾸 늘어난다. 익을수록 단단한 자존심과 고소한 맛을 선물하는 호두나무의 일생이 부러울 따름이다.

친구

춘추전국시대에 '백아'라는 거문고의 명인이 있었다. 그의 유일한 친구 '종자기'는 거문고 소리를 듣는 명수였다. 백아가 거문고를 들고 산에 올라 악기를 탈 때면 "참으로 근사하다, 하늘을 찌를 듯한 멋진 산이 눈앞에 보이는 것 같다!"라고 감탄했다. 또 흐르는 강물을 생각하고 거문고를 연주할 때면 "기가 막히다. 강물이 지금 내 눈앞에 흘러가는 것 같다!"라고 감탄했다.

하지만 어느 날 종자기가 죽게 되자 백아가 거문고를 부수고 줄까지 단칼에 끊어버렸다. 그 이후로 다시는 거문고를 켜지 않았다고 한다. 이 세상에 다시는 자신의 거문고 소리를 진정으로 들어줄 만한 사람이 없다고 생각했던 거다. 춘추시대 사상가 『열자』의 '탕문 편'에 나오는 이야기다.

이렇게 자기의 소리를 제대로 알아듣는 종자기와 백아는 그야말로 지기지우(知己之友)였다. 종자기는 백아의 거문고 소리를 얼마나 오랫동안 속속들이 들었으면 소리만 듣고도 상대가 무슨 생각을 하며 악기를 타고 있는지 상상할 수 있었던 거다. 악기 소리만 듣고 무슨 생각을 하며 연주하는지 친구의 생각과 느낌을 상상할 만큼 깊은 교감을 나누었다. 그래서 끊임없는 칭찬과 용기를 주고 나태하면 질책하고 오만해지면 서슴없이 비판했다. 백아가 바른 예술의 길을 가도록 경계를 늦추지 않게 거들었을 소중한 친구였다.

사는 동안 진정으로 자신의 소리에 귀 기울여주는 친구를 단 한 명이라도 얻었다면 이미 성공한 사람이다. 여태까지 그런 친구 하나 두지 못한 나는 글을 쓰는 내내 백아가 부러울 뿐이다.

친구란 모름지기 내 부름의 응답이요, 거울이라고 했다. 그래서 흔히 사람들은 친구를 보면 그 사람을 안다고 했다. 진정한 친구를 원한다면 내가 먼저 좋은 친구 감이 되어야 한다는 것을 알지만, 그 또한 마음대로 되지 않는다.

수해째 문단에 발을 들여놓고 있다. 능숙지는 않지만, 이는 내가 살아가는 데 지팡이나 죽비 같은 도구로 이제는 쉬 그만두지 못할 것 같은 존재가 되었다. 거기다가 남편과 아들네, 주변 친척들까지 열성 독자가 되어 응원이니 더 그렇다 하겠다.

남편은 습관처럼 내 수필집 『빈들에 서다』를 펼쳐놓고 읽는다. 그때마다 바위처럼 한마디씩 '툭' 던진다. "자전적 느낌이 진하지만, 그런대로 잘 읽힌다. 역시 글은 감동과 재미지…." 라며 은근히 질책 반, 칭찬 반을 늘어놓으며 입맛을 다신다. 며칠씩 잡다한 집안일로 책을 멀리하거나 습작 노트를 덮어두고 지내는 날은 직접 팔을 걷어붙이고 싱크대를 지키며 나를 서재로 몰아넣는다.

내가 작가다운 작가가 될 때까지 곁에서 응원해줄 남편이다. 그의 배려가 없었던들 지금껏 어찌 펜을 들 수가 있었을까. 늘 껌처럼 붙어 지내며 내 글을 제일 먼저 읽어주고 용기와 질책을 아끼지 않는 독자이다. 나태하거나 오만해질 때면 서슴없이 비판해주는 관심 덕에 가능할 수 있었다.

내가 울리는 악기 소리를 가장 잘 알아듣는 이는 누구일까. 지금껏 써 내려간 삶의 흔적을 속속들이 읽어주고 그것이 자식을 앞세운 어미가 흐느끼는 속울음인 것을 아는 이가 과연 누구란 말인가. 목소리만으로도 가슴속 깊은 곳에 비가 내리는지, 먹구름이 몰려오고 있는지를 금방 알아차리는 이, 무엇 때문에 마음 아파하고 때로는 흥겨워하는지를 알아주는 사람이 누구이든가 말이다.

칠팔월 삼복더위는 몸과 정신이 엿가락처럼 늘어져 만사가 귀찮다. 더위 핑계로 게으름이 늘어 무덤덤함에 길들었다. 책을 펼치면 졸음이 먼저 달려들어 눈까풀을 붙이고, 컴퓨터 자판기 앞에서는 시력이 가물거리는 바람에 애먼 돋보기안경 탓을 한다. 그럴 때면 슬쩍 얼음 커피를 타서 건네주는 그이의 속 깊은 배려에 마음속 당김질을 한다.

속 뜰에 새긴 음색이며 빛깔 상태를 가장 잘 알고 있는 사람이라면 나를 가장 아끼고 소중히 여기는 친구이다. 지금 그대에게 한 번쯤 주변에서 그런 사람이 누구인지를 유심히 살펴볼 일이다. 내가 만나는 사람 중에, 가족 중에, 주위에 있는 사람 중에, 지금까지 알고 있던 사람 중에 그런 이가 누구인지. 그가 진정한 당신의 벗이요, 반려자요, 애인이요, 친구일 것이다.

3부

땅따먹기

덩치에 비해 나는 손이 작았다. 그래서 땅따먹기 놀이를 할 적에는 손아귀가 아플 정도로 벌리며 애를 썼다. 더러 속임수를 쓰거나 억지를 부리다가 다투기도 하면서 말이다.

그녀의 눈물

사람들 대부분은 사랑해서 결혼한다. 한때 죽고 못 살 만치 달아오르던 남녀의 정분도 시간이 흐르면 미지근하거나 퇴색되어 결국 '이별'을 택하는 경우를 간혹 본다.

소중한 인연이 갈라서기로 마음을 정하면 지난날 함께 그렸던 아름다운 무늬는 애써 지우거나 정리를 하게 될 것이다. 그런데 만약 둘 중에 한 사람이 일방적이고 헌신적인 사랑을 다하고 난 후에 맞는 이별이라면 더 견디기 힘든 아픔이 될 것이다.

수년 전, 단독주택 이층집에 살았을 때 보았던 부부싸움은 좀처럼 뇌리를 떠나지 않는다. 위층은 주인인 우리 부부가, 아래층은 한창 젊은 부부가 예닐곱 살쯤 되는 사내아이 둘을 데리고 세 들어 살았다. 그들은 우리보다 젊어서인지 사는 일에 꿀 냄새가 폴폴 났다. 저녁이면 구수한 된장국 냄새가 이층까지 올라오고 아이들의 웃음소리는 열린 창문을 타고 심심찮게 넘나들었다. 비록 세 들어 사는 입장이었지만, 부자가 부럽지 않을 정도로 행복해 보였다. 삶을 비단 천 한 올 한 올 그들만의 결 고운 무늬로 짜는 사람들이었다.

아침에 남자가 대문간을 나설 때면 참한 아내와 두 아이의 배웅이 꽃길을 열었다. 햇살은 여자의 머리 위로 은화살을 마구 쏟아부었고 사내아이들은 초롱초롱한 눈망울로 어른을 잘도 따랐다. 우리 집 앞 골목길을 온통 행복 향기로 채워놓고 출근하는 남자, 그런 아래층 가족을 나는 부러운 눈으로 훔쳐보곤 했다. 진정한 행복이 어떤 것인지를 거름 없이 보이는 사람들이 한 지붕 아래서 오래

머물러 주기만을 바랐다.

하지만 그런 날은 오래가지 못했다. 어느 날은 남자가 던지는 고함이 이층까지 올라왔다. 여자의 울먹임이 담장을 훌쩍 넘었다. 어떤 날 야밤에는 가재도구가 난데없이 묘기를 부리며 마당으로 나가떨어지는 바람에 우리 부부는 물론 이웃까지 잠을 설쳤다. 사노라면 그럴 수도 있으려니 싶어 애써 귀를 덮었지만, 사건은 날이 갈수록 더했다.

부부싸움이 도가 지나쳤으며 이웃은 안중에도 없었다. 확성기를 갖다 댄 듯 '사네 마네'라는 말이 온 집안을 맘대로 뛰어다녔다. 그때마다 아이들은 울고불고 세간들은 줄줄이 공중부양으로 나가떨어졌다. 예삿일이 아니었다. '칼로 물 베기' 정도의 부부싸움이 아니었다. 언제 전쟁이 터질지 모르는 살얼음판인 집안은 사람이 살 곳이 못 되었다. 여기저기서 몰려온 먹구름이 우리 집 하늘을 다 덮어놓고 있었다. 지옥이 따로 없었다. 그냥 지켜보고 있을 수만은 없었다.

그녀를 불러 자초지종을 들어보기로 했다. 탁자에 찻잔

을 준비하고 그녀와 마주 앉았다. 여자는 마른 입술을 찻물로 적시며 말문을 열었다. 한참 동안 침묵이 흘러갔다. 양손으로 찻잔을 요리조리 만지작거리더니 용기를 낸 입이 말문을 열었다.

여자는 남자를 무척이나 사랑했다. 오로지 남자와 시댁 어른들을 위해 사는 이처럼 결혼 생활에 지극정성을 다했다. 시어른을 내 부모보다 더 거두고 따랐다. 집에서 한참이나 떨어진 변방 동네 시댁을 날마다 들러 어른들과 지내다가 저녁나절에야 돌아와 살림살이를 챙겼다. 남자와 시부모를 위해서라면 가슴속에서부터 우러나는 마음이었다는 말을 할 적에는 찻잔을 거머쥔 손이 바르르 떨렸다.

한번은 난데없이 시어머니가 집 앞 도로에서 크게 교통사고를 당했었단다. 그걸 알고 119보다 더 빨리 달려가 어른을 등에 업고 단숨에 근처 응급실을 향해 달리며 "꼭 살려 드릴 테니 염려하지 마세요."라는 말로 환자를 안심시켰다. 그 후 일 년여를 지극정성으로 간호한 끝에 시어머니는 무사히 건강을 되찾았단다.

그런 날이 다 화근이 되었던지 여자는 자주 피곤이 몰려오는 증세가 생겼다. 마침내 찾아간 병원에서 청천벽력 같은 '유방암' 판정을 받게 되었으니…. 수술은 성공적이었지만, 여자의 자존심인 양쪽 가슴은 잃어버린 후였다. 그로 인해 우울증이 찾아왔고 삶의 끈을 놓을 만치 정신이 시들어 갔지만, 가족을 생각하며 용기를 냈다.

하지만 남자는 달랐다. 수술을 받은 이후부터 몰라보게 냉담해졌고 사사건건 트집이었다. 생각 끝에 시댁을 찾아 도움을 요청했을 때 어른들은 애써 아들 편을 들며 지난날 보였던 며느리의 진심을 외면했다. 그녀는 결국 가족으로부터 외톨이 처지가 되었다.

그런 엄마가 불쌍했던지 아이는 "엄마가 너무 불쌍해." 라는 말을 자주 했다. 날이 갈수록 아내와 아이를 남자는 더 밀어냈다.

남자는 이혼을 원했다. 어떤 말이나 행동으로도 남자의 마음을 바꾸지 못할 만큼 냉랭했다. 한계를 느낀 여자는 어쩔 수 없이 아이를 데리고 이혼을 결심했다. 마침내 남자 앞에서 '아빠와 엄마가 이혼하는 것을 어떻게 생각하느냐.'라고 두 아이에게 물었다. 아이는 망설이지 않고

“엄마가 이혼하지 않으면 불쌍할 것 같아요.”라고 말했다는 대목에서는 여자의 두 눈이 축축하게 젖었다. 여자는 입술을 깨물어가며 눈물을 주체하지 못했다.

우리는 언제, 어떤 이유로 이별의 아픔이 찾아들지 모른다. 그런 아픔을 알면서도 모르는 것처럼 사랑하는 것이 인생일까. 사랑은 영원할 수 없는 걸까. ‘일생 고락을 함께할 부부’ 약속은 모두 거짓말이란 말인가.

그녀 앞에서 나는 눈물이 반쯤이나 섞인 차를 단숨에 들이켰다.

나는 오늘도 패릉에 간다

나는 자주 패릉에 간다. 목련꽃 피는 봄에도 가고, 소나무 그늘 좋은 여름에도 간다. 곡식이 누렇게 익어 일렁이는 가을에도 가고 가지마다 소복이 눈꽃 피는 한겨울에도 간다. 기분이 좋은 날에도 가고, 하는 일이 잘 풀리지 않아 심기가 불편할 때, 내 안의 나와 다툼이 생겨 죽을 맛일 때도 찾아간다. 햇살 보드라운 아침나절에도 가지만 달빛이 솔밭 사이를 환하게 비추는 야밤에도 가고 또 간다. 아무리 가고 또 가도 새로운 기운을 얻는 괘릉은 나를 위한 문화재다.

나의 친정과 시댁은 다 경주다. 괘릉을 가운데 두고 울산 방향에 있는 외동이 내 친정이고 반대편에서 괘릉을 내려다보고 있는 '탑골' 마을이 시댁이다. 그렇다 보니 괘릉은 양가를 오갈 때마다 들르게 되는 정거장 같은 곳이라 마음만 먹으면 들르는 곳이다.

유년시절, 괘릉을 자주 들락거렸다. 동네 친구들과 찾아가 넓은 잔디밭을 가로질러 분주하게 달리거나 아름드리 소나무를 사이에 두고 술래잡기를 하다가 돌아오고는 했다. 때로는 푸른 잔디밭에 누워 눈이 시리도록 파란 하늘을 도화지 삼아 꿈을 그리다 설핏 낮잠이 들었다가 날이 어두워져서야 돌아오기도 했다. 정말이지 나만큼 아름다운 유년의 뜰을 간직한 이도 드물 것이다.

나이가 들수록 전에 없이 괘릉이 좋아졌다. 한창 생각이 많던 사춘기 시절에는 혼자서 가면 더 좋았다. 성인이 되어서는 찬란했던 신라 천 년의 왕릉이었음을 알고부터는 옷매무새를 고치며 엄숙한 마음으로 찾아갔다. 사는 일이 힘들 때나 옛 그리움에 사무쳐 심사가 번잡할 적에는 묵상으로 거닐다가 아름드리 소나무에 기대어 바람이 데려다주는 솔향에 몸을 맡기고 있을라치면 머릿속이 맑아지는 힐링의 장소였다.

괘릉은 7번 국도에 있다. 울산에서 경주로 가는 국도를 타고 올라가다 외동에서 오른쪽으로 눈을 돌려 유심히 살피면 소박하기 그지없는 간판 하나를 만난다. 솔숲 가지에 얼굴을 반쯤 가리고 보일 듯 말 듯 숨어 있는 '괘릉' 팻말이다.

괘릉은 신라 38대 원성 왕릉이다. 이곳은 원래 물이 고인 연못이었는데, 연못을 변경하지 않고 왕의 관을 수변 위에 걸어 장례하였다 하여 '걸 괘(掛)'릉 이라 이름을 붙였단다. 얼마나 명당자리였으면 물이 고인 곳에다 무덤을 만들었을까 싶다.

그런데 입구에는 웬 낯선 서양인들이 양옆으로 마주 보고 서서 엄숙하게 능을 지키고 섰다. 왼쪽 허리춤에다 긴 칼을 차고 오른손은 불끈 주먹을 든 채 부리부리한 눈을 홉뜨고 있는 무인상은 금방이라도 한 대 칠 것만 같은 태세이다. 양옆으로는 네 마리의 사자가 잠시도 감시를 소홀히 하지 않겠다는 듯 주인의 영면을 지켜주고 있다. 이를테면 신라는 일찍이 외국과 무역을 했다는 것을 미루어 짐작이 간다. 오늘날처럼 교통수단이 편리하지는 못했지만, 해상이나 육로로 드나들면서 문화를 교류한 열린 정치를 한 흔적이 분명하다. 허리를 곧게 세운 채 긴장을 늦추지 않고 있는 무인상은 무관인 페르시아인과 중앙아시아의 위구르인으로 추정한단다. 왕의 사후에까지 서양인을 곁에 두고 있음은 그 시절 교류로 쌓은 친분이 깊다는 표시이리라.

신라 시대 외국인들이 이바지한 바가 컸던 것처럼 요즈음 우리나라에는 외국 여인들이 들어와 다문화 가정을 이루고 산다. 그들에게 무역이라는 말을 감히 써도 될지 모르겠지만, 오늘날 '지구촌은 하나'라는 말을 실감하고 사는 시대이니 결혼 무역임은 틀림없다. 혼기를 놓친 우리나라 남자들이 외국 여인을 맞아 가정을 이루는 것은 더없이 훌륭한 교류다.

텔레비전 방송 프로그램에서는 매주 성공한 다문화 가

정을 수시로 방영한다. 이방인이 물설고 말 선 땅에서 부부 인연을 맺고 산다는 것은 여간 힘든 일이 아닐 것이다. 언어는 물론이고 사상과 풍습을 익히며 삶의 뿌리를 내리기 위해 온갖 애를 쓴다. 직접 김치나 고추장, 된장을 담그며 음식문화를 몸소 익혀야 했던 이방인이 사연을 전할 적에는 눈가가 젖었다. 맞지도 않은 남의 옷을 내 몸에 억지로 길들이며 보란듯이 정을 붙여가는 화면에는 절로 박수를 보냈다. 국적이 다른 낯설기만 한 어른을 섬기며 힘든 농사일을 익혀가는 이방인의 절실한 몸짓을 어찌 미워할 수 있으랴.

프랑스인 에바는 친구 모임에서 우연히 한국인 남자를 만나 결혼을 결심했다. 남편의 나라를 알아가기 위해 한식 요리학원에 다니며 끼니마다 정성으로 밥상을 차리는 바지런한 새댁 에바는 마침내 우리 문화와 생활방식을 길들이는 데 성공했다. 이제 그녀의 취미는 사찰이나 전통문화재를 탐방하는 일이라고 할 정도라니 가히 짐작이 갈 만했다. 사회자의 요청으로 우리나라 대중가요를 사투리까지 섞어가며 구성지게 부르는 에바는 한국 아줌마가 다

되어 있었다.

언제 들러도 괘릉이 좋다. 마음에 여유가 있으면 여유를 즐기러 가고 세상살이가 힘들 때면 기도하는 마음으로 찾아간다. 거기서 우직한 도래솔 소나무가 깔아주는 웅숭깊은 그늘 멍석에 누워 속내를 건네고 오는 날은 더더욱 편안해진다. 시퍼런 잔디를 밟으며 바쁜 일상에 쉼표를 찍고 돌아온 날은 긍정의 기운이 절로 충전되는 기분이다.

나는 자주 괘릉에 간다. 가서, 파란 잔디에다 귀를 갖다 대고 있으면 나지막이 들려오는 신라인과 지구촌의 음성을 들을 수 있다. 그래서일까. 안방에라도 누운 듯 아늑한 안도감이 밀려와 스르르 눈까풀이 붙어버린다.

저만치서 준엄한 임금님이 뚜벅뚜벅 가까이 다가온다. 언제라도 들러 쉬어가란다. 위엄하고 숭엄함 옷매무새를 고치고 정중하게 인사를 올리려는데 그만 눈을 뜨고 말았다.

자리를 털고 일어서는데 해는 어느새 서산마루턱에 걸터앉아 내려다보고 있다. 찬란했던 옛 신라를 쓰다듬었던 고운 햇살이라 그런지 포근한 숨결까지 느껴진다. 주차장을 향하는 내 등 뒤로 소나무 그늘이 긴 허리를 늘리며 한참이나 뒤따른다. 언제 가도 반겨주는, 그래서 편안하게 쉬었다가 올 수 있는 괘릉은 영원한 친정이다.

나무처럼

새해를 밝히는 도심의 밤거리는 아름답다. 사람들이 만든 풍경이 어쩌면 이렇게 예쁘고 화려할 수가 있을까 싶다. 반짝반짝 불빛 장식 나무가 있는 도시는 훨씬 우아하고 운치 있다. 새해도 불빛처럼 반짝반짝 온몸으로 살아가게 해 달라는 마음으로 나무를 한참이나 바라본다.

불빛 나무 가까이 다가간다. 그런데 멀리서 볼 때와는 아주 다르다. 오돌오돌 떨고 있는 가장귀마다 온통 검은 비닐전선을 칭칭 감아놓은 것을 알고 나면 마음이 아리다. 한겨울, 산속에 있어야 할 나무를 도심에 데려다 놓고 사람들이 못할 짓을 하는구나 싶었다. 원래 나무가 할 일이 아닌데 사람들에게 고문을 당하고 있는 것에 측은지심이 일었다.

겨울 한 철은 나무가 조용히 묵언에 들 때다. 한 해의 할 일을 마치고 이제는 내면과 마주하며 지친 몸을 회복하는 때이다. 나름 숨을 돌리고 에너지를 저장하며 새봄 채비에 들 때다. 수액을 길어 올리고 가장귀마다 푸른 기운을 품어 봄을 피워 낼 준비를 할 때다. 사람들이 다가가 전기선을 감아 스위치를 올리고 아름다운 불빛을 요구하는 것은 나무의 처지에서 보면 가혹한 고통이다. 온몸에 전류를 감수해야 하는데 그 정신이 어찌 온전할 것이며, 그러고도 사람들은 나무에 봄다운 봄을 기다릴 수 있단 말인가.

겉보기에는 하는 일 없이 묵묵히 서 있는 것처럼 보이겠지만, 안으로는 잠시도 쉬거나 멈춤이 없는 나무다. 사람한테는 겨울이 한 해의 끝인지 몰라도 나무에는 시작이

다. 우선 겉만 보고 판단할 일이 아니다.

심성이 어진 나무는 거절하거나 내치지 못할뿐더러 불평하거나 요령을 피우는 일이 없다. 칼바람이 생채기를 내고 달아나도 '수우수우' 손 흔들어 인사하고, 수다쟁이 새들이 제멋대로 찾아와 실컷 떠들고 어질어 놓고 매정하게 날아가도 원망한다거나 탓하지 않는다.

작년 가을, 친구들과 단풍놀이를 하던 중이었다. 단풍이 한창 물든 숲에서 어떤 나무를 올려다보고 궁금해하고 있을 때 친구가 고로쇠나무라고 했다. 단풍이 든 것도, 안 든 것도 아닌, 말라비틀어진 이파리가 엉성하게 매달려 있어서 보기가 딱했다. 고로쇠나무가 원래는 단풍이 곱게 드는 나무인데 이른 봄 한창 물오를 때 사람들이 너무 극성맞게 수액을 채취해서 저 꼴이 됐다는 것이다. 건강에 좋다는 것이라면 인정사정없이 덤벼드는 인간의 그 악스러운 '건강 열'에 넌더리가 났다. 건강에 좋다고만 하면 너무 안달을 해서 추하기까지 하다. 가만히 앉아서 당하는 고로쇠나무 처지에서 보면 우리 인간이 얼마나 치가 떨리겠는가.

겨울철 나목에는 조심스럽게 다가가야 할 터다. 나무에 불빛 장식은 모독이고 고문이다. 나무는 고향인 산을 떠나 불편한 도심에 와 있지만, 묵묵히 제 몫을 다한다. 가장 아름다운 언어가 침묵이라는 것을 알게 하고 안으로는 고통스럽지만, 세상 앞에서 한결같은 우아함을 지닌다.

나는 여태껏 살면서 언제 남을 위해 좋은 일 한번 한 적이 있었던가. 사회 정의를 위해 일신의 안일을 희생한 적도, 어려운 이웃을 위해 큰돈을 쾌척한 적도 없었다. 기껏해야 남에게 폐나 안 되게 살려고 전전긍긍 옹졸하게 살았다. 마음으로 할 수 있는 남의 슬픔조차 나누기보다는 나의 슬픔을 위로하는 데 써먹곤 했었다.

마침 올해는 청양의 해이다. 양은 원래 온순하고 어진 성격으로 평화와 희생을 상징하는 동물로 여겨진다. 어질고, 착하고, 참을성이 많다고 해서 평화를 상징하는 동물이기도 하다. 무리 지어 다니며 살지만, 다툼은 없다고 한다. 종교적으로는 신성한 동물로 신화나 전설에 자주 등장했고 무릎을 꿇고 젖을 먹는 모습에서 은혜를 아는 동물로 어른들은 인식했다.

양이나 나무나 말없이 행동으로 보이는 교훈에는 공통점이 있다. 새해에는 '말수는 줄이고 행동은 크게' 하는 내가 되기를 소망한다.

나에게 남아 있는 마지막 허영이 있다면 그건 우아하고 품위 있게 늙는 것이다. 나무처럼 그 누구를 위해 존재하거나, 선한 천성과 행동으로 상대에게 편안함과 평화로움을 주는 양 같은 이웃이 되고 싶다. 그렇게 내 자리를 지켜가고 싶다.

남포등

순식간에 온 집안이 칠흑 같은 어둠으로 변했다. 장님이 따로 없다. 손전등 대신 휴대전화기 불빛을 비추어 까치발로 차단기를 살피는데 환하게 불이 켜졌다. 잠시 정전이었던 모양이다.

세상의 변화는 뭐니뭐니 해도 전기가 들어오면서부터 시작되었다. 전기는 온 천지를 환하게 비추고 신기하고 편리한 가전제품이 하나둘 대문 안으로 들어왔다.

우리 집에 전기가 들어온 것은 내가 초등학교 때였다. 전깃불은 하루아침에 산골 동네를 대낮처럼 환한 신천지로 만들었다. 밤이 낮처럼 환해지자 동네 사람은 물론이고 부모님은 더 부지런히 일하셨다. 아버지는 늦은 시간까지 새끼를 꼬거나 가마니를 짜고, 엄마는 밤새 베틀 위에서 밤이 깊어가는 줄 몰랐다.

전기가 들어오기 전까지 우리 집은 남포등을 켰다. 남포등은 동네에서 그나마 형편이 좀 나은 집에서만 볼 수 있는 물건이었고 호롱불이 대부분이었다. 산그늘이 검은 보자기로 집안을 덮을 때쯤이면 남포등에 기름을 채우는 일은 내 차지였다. 엄마가 다른 형제들을 제쳐두고 내게 그 일을 시킨 것은 조심성이 있어서 기름 허실이 적다는 믿음이었다. 기름을 과하게 부으면 불이 펄럭펄럭 춤을 추기 때문에 좀 적은 듯이 양을 조절해야 불이 얌전하고 기름을 절약할 수 있다는 것은 나만 알고 있었다. 어쩌면 과한 것이 모자람만 못하다는 교훈을 남포등으로 인해 일찌감치 알게 됐는지도 모른다.

전기가 들어온 후로 당장 내 일이 줄어들었다. 남포등

이 헛간 구석으로 밀려나는 바람에 저녁마다 기름을 채우지 않아도 되었다. 보름달보다 환한 빛을 내는 전구가 집안 여기저기에 달렸으니 말이다. 큰방 대들보에 하나, 작은방과 부엌 중간에는 선을 길게 늘여 이동이 편리한 것이 또 하나, 사랑채와 마구간 사이에는 제일 큰 30촉이 떡하니 걸렸다. 할머니와 아버지, 어머니와 우리 칠 남매가 사는 집안에 전구 세 개로 충분했던 때였다. 번거로운 남포등 대신 스위치를 올리기만 하면 대낮처럼 환한 것이 볼수록 신통방통했다. 그 시절 전깃불 아래 엎드려 읽었던 이광수의 『무정』은 박영채의 강인하면서도 순수한 여성상이나 그들의 사랑에 빠져 시간 가는 줄 몰랐다. 노름에 미쳐 돈을 잃고 들어와 착한 벙어리 아다다(나애심)를 가혹하게 매질하는 남편 한림에는 분노의 이를 부드득 갈았다. 꿈속에서 만난 불쌍한 아다다를 붙잡고 서럽게 울고 있을 때 엄마는 방해꾼이 되어 나를 흔들어 깨웠다. 그때 읽었던 『백치 아다다』는 한참 뒤 TV를 통해 방영되었을 때에도 온 동네 사람들을 분노의 도가니로 만들기에 충분했다.

어쩌다 정전으로 전구가 눈을 감아버린 날은 뒤란 헛간에서 푸대접이던 남포등을 다시 불러냈다. 기름만 부으면 금세 식구들을 불러 모으는 남포등 둘레를 손톱달과 별무리가 가는 눈을 반짝거리며 내려다봤다. 그럴 때마다 아버지는 "전깃불이 들어온 뒤로 달빛, 별빛이 희미해졌어."라고 하시며 마른입을 다시던 기억이 어제 일처럼 생생하다.

아버지는 이장 집 다음으로 우리 집 대청마루에 텔레비전을 들여놓았다. 해가 지면 동네 사람들이 텔레비전 앞에 모여 드라마를 보다가 밤이 이슥해서야 돌아가고는 했다. 그뿐만 아니라 라디오나 손전등을 남 먼저 들이는 신식이셨다. 캄캄한 들판에서 논에 물을 댈 때 쓰는 손전등은 아버지가 아끼는 귀한 물건이어서 허락 없이는 식구 중 누구도 만지기가 어려웠다.

한 해 여름에는 가뭄이 심해 동네 사람들이 논에 물 대는 일로 말썽이 잦았다. 생각 끝에 이장은 마을 사람들을 불러 모아놓고 회의를 할 참이었다.

"봇물 때문에 회의가 있으니 저녁 식사 후에 빠짐없이

참석하시오."

확성기를 통해 들리는 이장님의 목소리에는 비장함까지 느껴졌다. 불참 시에는 불이익이 따른다는 예고를 들던 부모님의 안색이 안절부절못하였다. 마침 외가 제사에 나서려던 참이셨다.

"손전등 들고 어매가 댕겨 오소."

사정이 이렇다 보니 할머니는 고개를 끄덕이셨다. 부모님을 대신해 할머니는 뒤이어 손전등을 들고 대문을 나섰다.

밤이 깊어가도 어른들은 좀처럼 돌아오지 않았다. 까만 염소보다 더 어두운 밤을 손전등만 들고 나가신 할머니가 걱정됐다. '남포등을 들고 마중이라도 나갈까? 손전등이 골목길을 잘 비출까?' 이런저런 생각을 하던 중에 다른 형제들은 꿈나라에 들었지만, 나와 마루 밑에 엎드린 누렁이의 귀는 바스락 작은 소리에도 쫑긋 안테나를 세웠다. 누렁이가 컹컹 짖을 때마다 나는 몸보다 손이 먼저 전깃불을 켜며 눈까풀을 끌어올렸다.

자정이 다돼서야 인기척이 났다. 누렁이가 유독 야단스

럽게 짖어대는 바람에 언니와 오빠들이 한꺼번에 몸을 일으켰다. 그때 대문 안으로 들어선 할머니는 기운이 하나도 없었다. 헤닥사그리한 얼굴에 온몸이 땀범벅이었다. 쓰러지듯이 마루에 몸을 던지신 할머니는 한참 후에야 겨우 입을 여셨다.

"이놈의 손전등이 사람 죽인다. 내 어지러워 죽을 뻔했다…."

어리둥절하여 할머니 말씀을 듣던 칠 남매는 한바탕 깔깔거리며 웃느라 눈까풀에 온 잠이 앞마을 방천으로 달아났다. 손전등을 처음 만졌던 할머니가 어두운 밤길 대신 당신 얼굴 쪽을 향해 불빛을 비췄으니 이를 어쩌랴!

할머니는 남포등을 더 좋아하셨다. 새것, 신식만이 능사가 아니라고 했다. 가끔 그때를 떠올릴 때마다 피식 웃음이 난다. 나중에 알게 된 아버지는 생각지도 못한 일은 당신의 실수라며 못내 아쉬운 표정이셨다.

현대는 손만 닿으면 편리한 물건의 홍수 속에 살고 있다. 새것도 몇 해만 지나면 '구닥다리', '애물단지'로 취급받기에 십상이어서 버려지는 세태다.

적고 부족해서 오는 것보다 많고 넘쳐서 오는 부작용이 더 많은 시대를 살고 있다. 덜 먹어서보다 과해서 오는 비만 때문에 만나는 사람마다 다이어트는 최대 관심사가 되었다.

새것, 신식 물건만 능사는 아닐 것이다. 지금 그대로의 물건, '때깔'은 별로지만 손때가 묻은 것을 사랑할 수는 없는 건지 아쉬울 따름이다.

귀한 것이 분명했던 옛 추억들이 나이가 들어갈수록 더 또렷하다. 밤이면 내가 밝힌 남포등을 가운데 두고 온 식구가 달빛, 별빛이 내려다보는 마당에 둘러앉아 두런두런 할머니 이야기에 귀를 모으던 때가 아련한 그리움이 되었다.

달빛 사색

잠결에 번쩍 눈이 떠졌다. 창문을 통해 들어온 환한 달빛 때문이었다. 은성한 보름달이 온 집안을 대낮처럼 환하게 비추었다. 잠결에 일어나 팔짱을 낀 채 거실과 베란다를 오가며 한참이나 서성거렸다. 환한 달빛 쪽을 향해 따라가면 금방 달에 닿을 수 있을 것만 같았다. 고운 빛이 아까워 손바닥으로 받아 모으며 하늘 쪽으로 난 거실 의자에 앉아 밤이 깊도록 달빛만 바라보았다.

만산홍엽이 빛을 내려놓은 늦가을이다. 이제 나무는 말간 맨몸으로 바람 앞에 섰다. '입동'과 '소설'이 지났으니 득달같이 칼바람이 들이닥칠 것이다. 달빛에 젖은 바깥세상은 따스하지만, 열린 창문 틈으로 한기가 출렁 다가와 전신에 감긴다.

달빛 아래서는 만사가 고요하고 맑다. 무엇인가를 쌓기에 바빠 피곤하던 몸이 한순간 깃털로 존재하는 순수한 나를 만난다. 하루를 내려놓고 묵상에 든 베란다 화분 친구들, 어항 속에서 재롱을 부리는 새끼금붕어가 편안한 평화다. 거실 구석에서 묵묵히 주변을 지키는 키다리 '행운목', 여름내 황금 나팔을 불어주던 '천사의 나팔', 어둑발이 치면 금세 몸을 움츠리는 부끄럼쟁이 '사랑초' 일가가 단잠에 들었다.

안방에서는 세상모르고 잠에 취한 남편의 코 고는 소리가 요란하다. 낡을 대로 낡은 경운기는 사래 긴 자갈밭을 갈아 엎치느라 숨절이 가쁘다. 어디 고향산천에 나 모르는 자갈밭이라도 있었던가. 어찌 알까. 팔자에 없는 늦복이 터질는지….

달빛을 바라보고 있으면 내 의식 안의 묵은 때들이 가뭇없이 사라진다. 고요나 순수, 청빈 같은 말이 별빛으로 쏟아지고 눈길 닿는 주변 것들이 다 꽃잎으로 열린다. 한참을 바라보고 있는 내 안이 충만으로 가득하다. 달빛 하나만으로도 이렇게 넉넉한 것을, 눈앞에 펼쳐진 것에 충실하면 되는 것을, 무엇을 쌓기에 허덕이느라 달빛조차 제대로 바라보지 못하고 지냈는가.

며칠 전이었다. 우연히 길에서 동생뻘 되는 먼 친척을 만났다. 오랜만에 만난 그의 얼굴색은 뜻밖에도 그늘이 져서 보는 나까지 마음이 무거웠다. 근처 찻집을 찾아가 마주 앉아 그간의 안부를 건네며 이런저런 이야기를 나누었다. 한참 뒤 그는 바윗덩어리를 내려놓듯 무겁게 입을 열었다. 식구들이 남들처럼 별 탈 없이 살아가게 될지를 염려하는 마음이 태산이었다.

그의 남편은 안정적인 직장을 잘 다니고 있다. 재산도 어느 정도 있으며 두 아들은 막 세상 속으로 걸어 들어갈 나이였다. 그러나 머지않아 남편은 정년을 맞게 될 것이고 아들들은 원하는 직장을 얻을 것이며, 또 어떤 상대를 만나 결혼할 건지 무척 두렵다고 했다. 대부분 사람이 한 번쯤 해보는 정도의 고민거리였다.

지혜롭지 못한 태도라고 생각했다. 미래를 위해 걱정하는 것은 좋지만, 미리부터 고민하는 것은 바람직하지 못하다. 그것은 자기 생각이 빚어낸 고통이다. 달빛을 바라보듯, 소를 돌볼 때는 철저히 소한테 젖어 드는 것, 현실에 자신을 온전히 쏟아붓는 것이 지혜로운 삶의 방식이지 미리부터 걱정한다고 될 일은 아니다. 그것은 본인의 고통만 자처할 뿐이다.

이미 이승을 다녀가신 법정 스님은 "어제는 부도난 수표와 같고, 내일은 알 수 없는 어음이어서 오늘만 현금처럼 쓰는 것이다."라고 적으셨다. 현재에 충실한 이가 인생을 지혜롭게 사는 거라고. 그래서 삶은 오늘에 온 힘을 다하며 가벼운 마음이어야 하고, 가벼워야 날아오를 수 있다고 했다. 오늘이 행복해야 더 행복한 내일로 이어진다는 것이다.

삶은 '오늘'의 연속이다. 부도난 수표, 알 수 없는 어음보다 '오늘'이라는 현금을 쓸 줄 모른다면 헛방이다. 부질없는 수표나 어음에 매달려 바위처럼 무거운 삶을 살거나, 새처럼 가볍게 날아오를 수 있는 것은 본인의 견해차다.

나이가 더해질수록 점점 몸이 무겁다. 반갑지 않은 신체의 변화에 내가 끌려가는 일상이다. 세월이 보태진 몸은 어지간히 옷을 걸쳐도 맨몸인 듯 시리고, 한번 진행된 허리 통증은 좀처럼 줄어들지 않는다. 거기다가 성격도 변해간다. 순간감정을 가감 없이 밖으로 배출해야 직성이 풀리던 천성이 자꾸 이리저리 재거나 뜸을 들이며 소심해진다. 대신 실수가 적은 것이 장점이긴 하지만, 환영할 일만은 아니다. 복잡하기보다는 단순한 것이 훨씬 정신건강에 이롭다.

종종 머릿속 깊숙한 곳에 각인된 흑백필름을 꺼낼 때는 순식간에 먹구름이 몰려오지만, 이것이 다 '팔자소관이려니….' 하고 한 호흡 늦추면 구름은 서서히 흩어진다. 부도난 수표 때문에 가슴을 친다 한들 달라질 것이 무에 있을까. 앞으로 내게 남겨진 시간이 얼마쯤인지는 모르지만, 고요와 평화로 이어졌으면 하는 바람이다.

걱정 중에는 실제하는 것도 있겠지만, 생각이 빚어낸 걱정이 대부분이다. 욕심과 집착이 빚어낸 것, 나보다 잘난 사람에 대한 비교나 질투에서 오는 잡다한 감정은 다 생각이 만든 것이다.

올해 달력도 나뭇잎과 함께 떨어지고 달랑 한 장뿐이다. 뭐가 그리 좋은지 달빛은 여전히 환하게 웃고만 있다. 야밤에 청해 듣는 베토벤의 「월광 소나타」가 전율을 느끼게 한다.

덕이

그 아이가 처음 우리 앞집으로 온 것은 내가 초등학교 때였다. 여남은 살쯤 되었을까. 아이는 혼자서 우물가 느티나무 밑에 앉아 공깃돌 놀이를 하다가 엉덩이에 묻은 먼지를 툭툭 털며 집으로 돌아가곤 했다. 해맑은 눈동자에 윤기 나는 단발머리, 오동통한 얼굴에 볼우물이 파여서 더 귀여운 인형 같은 아이는 가끔 누군가를 기다리듯 먼 데를 하염없이 바라봤다. 그가 놀다 간 빈자리는 왠지 알 수 없는 쓸쓸함이 한참이나 머물렀다.

이름이 덕이라고 했다. 그는 앞집 안동댁 아주머니의 친정 조카로 앞으로 같이 살게 될 거라고 엄마가 일러주었다. 친구나 다름없으니 사이좋게 지내야 한다는 말도 잊지 않았다.

안동댁은 6 · 25사변 난리 통에 남편을 잃고 슬하에 오남매를 거두고 지내는 빈농의 처지였다. 남의 집 농사일을 거든 대가로 받은 양식으로 근근이 입에 풀칠만 하는 형편이었다. 어른들은 위로 딸 셋은 안동댁이 직접 배 아파 낳은 자식이 아니라고도 했다.

근자에 들어 친정 남동생이 폐병으로 세상을 등지고 그 후유증으로 젊은 올케마저 정신병원에 입원하는 사달이 났으니 얼마나 눈앞이 캄캄했겠는가. 당신 코가 석 자건만, 불쌍한 조카를 차마 못 본 체 내칠 수가 없었던 안동댁. 그렇게 덕이는 군식구였다.

이런 사정으로 보아 덕이는 끼니마다 눈칫밥 아닌 눈칫밥 신세였을지도 몰랐다. 거기다가 무슨 연유인지, 고만고만한 시댁 쪽 객식구가 심심찮게 들러 며칠씩 묵고 갔으니, 내 어린 눈에 앞집은 마치 '어린이 보호소' 같아 보였다고나 할까. 이런 사정은 동네 우물가나 빨래터를 통해 습자지에 물 번지듯 모르는 사람이 드물었다.

그런 날을 그럭저럭 지내는가 싶더니 결국 아이들 울음소리가 담장을 넘었다. 식구가 여럿이라 그러려니 했는데, 날이 갈수록 그 소리가 심상찮았다. 어떤 날은 매질 소리에 고함까지 더해져서 담장 안이 쩌렁쩌렁했으니 말이다. 그럴 때마다 우물가 느티나무 밑으로 쫓겨 나와 남몰래 가는 어깨를 들썩이며 울고 있는 덕이를 만났다. 내가 다가갈라치면 마른 손등으로 퉁퉁 부은 눈두덩을 쓱 훔치며 애써 희미하게 웃던 그의 양 볼에 푹 파인 보조개는 더 슬퍼 보였다. 그럴 때마다 영락없이 덕이 이마에 시퍼런 혹이 부어올라 있어서 마음이 아렸다. 그래도 내가 해 줄 수 있는 거라곤 방금 쇠죽솥에 찐 피감자를 식혀 그의 손안에 가만히 쥐여 주는 것이 다였다. 애써 발만 동동 굴렀다.

동네 사람들은 그 아이가 오래 머물지 못할 거라고 수군거렸다. 엄마는 더러더러 덕이를 부엌으로 불러 누룽지를 입에 넣어주거나 우리 형제가 걸치던 옷가지를 대신 입혀서 돌려보냈다.

어느 가을날, 벼가 누렇게 익은 논길을 가르며 승용차 한 대가 동네로 들어왔다. 덕이는 그 차를 타고 어디론가 떠났다. 먼 친척뻘 되는 사람이 양녀로 데려갔다는 후문이었다. 그때 이후로 단 한 번도 그를 본 적은 없었지만, 잘 자라서 어엿한 성인이 됐다는 소식은 전해 들었다. 다행히 양부모의 따뜻한 사랑 속에서 잘 컸다는 것에 마음이 놓였다.

세월은 강산이 몇 번이나 변할 만치 흘렀다. 요즘 들어 구순의 친정 엄마를 찾을 때는 은근히 앞집을 염두에 두게 된다. 앞집 할머니는 수해째 노병으로 누워 계신다. 시난고난 긴 병에 효자 없었던지 자식들도 뜸해졌다. 할머니는 누워 지내면서도 종종 "덕이가 잘살아야지….”라는 말을 주문처럼 흘리셨다. 오래전 당신이 보내버린 덕이가 평생 대못이 되어 가슴을 파고들었던가 보다. 죽어도 같이 죽고, 살아도 같이 살았어야 했다는 말을 할 적에는 눈가가 축축했다. 황폐해진 노병에 시달리면서도 덕이만은 지우지 못했던가 보다.

이제 내 친정 엄마나 앞집 할머니 해는 서산에 걸린 희미한 노을빛이어서 어느 찰나에 이승의 강을 건너실지 감지할 수가 없다. 무심한 세월은 검은 머리를 허연 실타래로 만든 것도 모자라 영혼까지 지워간다.

며칠 전, 불쑥 친정 엄마를 찾았다. 앞집 할머니는 양지쪽 마당 휠체어에 기댄 채 먼 산에다 시선을 풀어놓고 계셨다. 그런데 할머니 앞에 쪼그려 앉아 벗겨진 양말을 신겨주고 있는 여인이 있었다. 수수한 차림의 그녀가 그리 낯설지 않았다. 궁금한 마음에 발걸음을 당겼을 때였다.

"점심 먹을 시간이에요, 고모."

'고모'라니……. 내가 잘못 들었나 싶어 귀와 눈을 다시 열었다. 순간 정신이 어리둥절했다. 할머니에게 고모라고 부르는 이라면 덕이가 아닌가. 본인이 덕이라고 하기 전에는 몰라보게 변해버린 중늙은이. 그에게도 세월은 비껴가지 않아서 골진 주름 사이로 숱한 사연을 그림자로 드리웠다. 그래도 선명하던 볼우물만은 그대로였다.

치매를 앓고 있는 고모를 돌봐 드리려 직접 요양사 자격증을 따서 찾아왔단다. 오남매나 되는 사촌들은 다 어디 다 숨겨두고 고모를 지키고 있는지 궁금했지만, 말을 아꼈다. 그의 어릴 적 모습이 떠올라 잠시 가슴이 먹먹했다. 그 옛날 모질게 구박을 퍼붓던 고모, 혹시 너무 어렸을 때 겪은 '푸른 멍'을 기억하지 못하나 싶었는데 그렇지도 않았다. 덩그러니 노인만 남아 투병 중이라는 소식을 듣고 선택한 결정, 고모에게 할 수 있는 일이라 망설이지 않았단다. 어찌 이렇게 착한 천사가 될 수 있을까.

나라면 진정 그런 화해의 용기가 있었을까. 어릴 적 남아선호사상이 유별났던 친정 엄마의 구박을 여태껏 지우지 못해 마음의 문을 반쯤만 허락하는 이 밴댕이 소갈머리는 언제쯤 철이 들는지.

이 겨울, 내 좁은 속을 부드러운 햇살로 비추며 들어오는 덕이.

땅따먹기

여름날 밤, 가로등 불빛 아래 모여든 하루살이 떼를 본 적이 있는가. 데모꾼처럼 몰려와 '바쁘다 바빠'라고 외치듯 서로 뒤엉켜 날아다닌다. 하루가 일생인 하루살이가 무에 그리 바쁠까. 죽음이 코앞인데, 하루가 다 저물었는데.

'후두두' 분주하게 설치는 하루살이다. 인간인 내가 보기에는 한 치 앞을 모르는 미물이 주는 하등의 의미 없고 부질없는 움직임일 뿐이다. 대체 하루살이 날벌레가 무엇 때문에, 무엇을 위해, 죽기 살기로 설치는 걸까. 마치 앞만 보며 '빨리빨리'만을 외치고 질주하듯 살아가는 현대인들의 자화상 같다. 아니, 지난날 도둑놈 소 몰듯 살아온 내 모습 같다.

내 어렸을 적에는 땅따먹기 놀이를 제일 많이 하고 놀았다. 요즘처럼 놀이터나 장난감이 없었던 때라 손만 있으면 할 수 있는 땅따먹기 놀이가 유일했다. 또래들끼리 골목에 모여앉아 땅에다 한 뼘 두 뼘 내 몫을 넓혀가는 재미에 빠져 해가 꼴딱 지는 것도 잊고 있었다.

땅따먹기는 손이 큰 사람이 최고였다. 좀 더 많은 땅을 차지할 수 있는 큼지막한 손은 또래들로부터 부러움을 샀다.

덩치에 비해 나는 손이 작았다. 그래서 땅따먹기 놀이를 할 적에는 손아귀가 아플 정도로 벌려 애를 썼다. 더러 속임수를 쓰거나 억지를 부리다가 다투기도 하면서 말이다. 결국, 놀이가 끝날 때쯤 내가 다른 아이들보다 제일 큰 땅을 차지한 흔적에는 어깨에 힘을 주며 희열감을 느꼈다.

하루해가 검은 보자기로 골목길을 덮어야 놀이는 끝이 났다. 해가 뉘엿뉘엿 서산을 넘어가고 난 뒤면 집집이 엄마들이 나와 큰 소리로 아이들을 불렀다.

"복아, 어서 들어오너라." 하고 부르는 소리에 하던 놀이를 멈추고 흙 묻은 손을 털며 집으로 향했다. 돌아온 집에서는 "계집애가 놀기만 좋아해서 아무짝에도 못쓴다."라는 엄마의 꾸중을 엄버지기로 많이 들어야 했다.

우리네 인생도 이와 같으리. 사는 동안 손아귀가 아플 만치 허위허위 땅따먹기를 하다가 어느 날 신이 '어서 오너라.' 하고 부르면 하던 일을 제쳐두고 따라나서야 한다. 누구든 어느 날 삶의 종점인 섣달 그믐날 밤을 맞게 되어 있다. 그때 땅따먹기는 부질없는 일이 되고 만다. 영원히 갖지 못할 흔적을 두고 손을 훌훌 털고 먼먼 길을 따라나서야 한다.

인생은 땅따먹기 놀이다. 세상의 부와 성공, 명예와 소유는 인생의 저녁이 찾아오면 다 내려놓아야 한다. 땅따먹기로 차지했던 것들은 한때 몸에 걸쳤던 장식품에 불과하다. 코에 단내가 나도록 애면글면 쌓아온 제물도 명예도 부질없이 지워져 사라지고 마는 것은 더 말해 무엇할까. 나 또한 한때는 땅따먹기 놀이에 취해 죽을 판 살 판 설쳤던 장본인이 아니던가.

첫 번째가 남의 머리를 만지는 일이었다. 강산이 두 번이나 바뀌는 세월을 집과 가게밖에 모르고 일에 젖어 지냈다. 단 한 뼘의 땅이라도 더 차지해야 남보다 빨리 일어설 거라는 일념이었다. '빨리빨리' 더 많은 땅을 차지해야 한다는 마음은 늘 발보다 몸이 먼저 앞서 나갔다. 마침내 내가 차지한 땅이 제법 커진 것에 적잖은 희열을 느끼기도 했다.

그다음이 '부동산일'에 뛰어든 거였다. 원래 부동산업이라는 것이 남의 재산을 다루는 일이어서 신중에 신중을 기울여야만 했다. 땅따먹기에 성공한 부자일수록 더 많이 차지하려는 욕심과 욕망이 넘쳐서 감당하기가 버거울 노릇이었다. 부동산이란 필요에 의해서가 아니라 욕망을 채우는 수단이었다. 한 치의 이익에 도끼를 들고 설치는 그들 앞에서 나는 말문, 숨 문이 다 막혔다.

그들 틈에서 버틸 방법은 몸에 맞지 않은 옷과 가면을

걸쳐야 했다. 날마다 칼 날 위에서 춤을 추는 심정 같았다고나 할까. 그러나 그렇게 바쁘고 숨 막히는 땅따먹기가 한편으로는 묘한 재미와 긴장감이 숨어 있고, 수입이 짭짤한 놀이였다는 것을 이참에 고백해 둔다.

이왕이면 멋지고 당당하게, '도' 아니면 '모'로 살고 싶었다. 등이 휘어진 채 바퀴 달린 발을 굴리듯 정신없이 설쳤던 날이 이제는 아련한 추억이 되어 주마등처럼 지나간다. 땅따먹기에 온 정신을 팔고 있다가 해가 중천으로 기운 것도 몰랐으니까.

어느덧 내 주변은 어둑발이 치기 시작했다. 땅따먹기 놀이가 시들해졌다. 지천명을 지나 수해째 문학 마당을 어슬렁거린다. 여기는 결코 바쁘거나 서두르지 않아도 되는 곳이라 마음이 편안하다. 예전의 땅따먹기가 육신의 욕망을 채우는 거였다면, 이는 내면의 영혼을 살피고 쓰다듬는 작업이다. 순하고 따뜻한 가슴을 가진 도반들을 만나고 아름다운 언어 지식을 나누는 시간을 만들어 간다. 공중에 떠다니는 수많은 언어를 모아 정리·기록해서 고운 나비로 날려 보내는 일은 할수록 가슴이 따뜻해지는 작업이라 두고두고 해볼 만한 땅따먹기 놀이라 생각된다.

머리와 가슴으로 읽고 쓰며 기록으로 남기는 이 성스러운 작업을 나는 두고두고 사랑할 것이다. 어떤 놀이가 이보다 더 의미 있고 진지할 수가 있을까. 내 지난날을 반추하고 기록해 나가는 작업을 할 수 있다는 것은 다시없는 축복이리라.

조금씩 서쪽으로 기우는 해를 바라본다. 높고 맑은 하늘에서 억새 냄새, 하늘 냄새를 맡는다. 넓고 푸른 도화지는 내가 주인이다. 거기다가 내가 원하는 그림을 마음껏 그릴 수가 있다. 소슬바람에 긴 허리를 흔드는 코스모스, 달빛을 안고 일렁이는 대숲의 승무, 그 옛날 골목길에 모여 땅따먹기에 열을 올리던 고향 친구를 그리움으로 그려나간다. 밤이면 창문을 통해 들어온 달빛이불을 덮고 귀뚜리가 읊는 시를 들으며 잠자리를 청한다.

가을이 문 앞에 당도했다. 영원히 이어질 것 같던 더위도 저만치 뒷걸음질이다. 득달같이 달려들던 미물의 움직임도 숙지근하다. 세상의 땅따먹기 소리가 고요해진 늦은 밤, TV에서 늙수그레한 남자가수가 들려주는 "인생은 나

그넷길, 구름이 흘러가듯 어디로 가는가.” 하는 노랫가락이 숭늉처럼, 된장처럼 구성지다.

소풍처럼

집 앞, 초등학교 운동장이 왁자하다. 가을 소풍을 가는 모양이다. 창문 너머로 바라보는 조무래기들의 얼굴 하나하나가 막 핀 나팔꽃처럼 곱고 풋풋하다. 손바닥만 한 등에 따개비처럼 소풍 가방을 붙이고 재잘대는 운동장 풍경 위로 내 유년의 기억이 뭉게뭉게 피어오른다.

소풍날을 손꼽아 기다렸다. 그날은 과일이며 삶은 계란이 귀하지 않았다. 엄마가 주는 용돈으로 마음에 드는 군

것질을 할 수 있는 자유를 누리는 유일한 날이었으니까.

소풍날은 더디게 다가왔다. 전날 저녁은 하늘을 수도 없이 올려다보며 혹시 비라도 오면 어쩔까 걱정하다가 아침을 맞았다.

많은 세월이 지난 지금도 '소풍'은 가슴 설레는 건가 보다. 간혹 여행계획이 잡히거나 나들이를 앞두고는 혼삿날 받아둔 신부처럼 마음이 술렁거리지 않던가.

우리네 삶이 늘 소풍을 기다리는 심정으로 살 수만 있다면 얼마나 좋을까. 현대인들은 모두 전쟁하듯, 앞섶에 붙은 불똥 털 듯한 시늉으로 살아간다. 집도 차도 빨리 가져야 하고, 부나 명예까지 가불하지 못 해 안달이다. 자신이 원하는 것이라면 단숨에 얻으려 들고 남 먼저 차지하기 위해서라면 온갖 방법을 다 동원한다. 이미 가지거나 얻을 것을 다 이룬 이들조차 두 눈을 부라리고 야단법석이다. 세상이 급박해서 정신이 어질어질하다. 앞만 보고 무작정 성급한 것보다 잠시 물러서는 여유나 여백, 쉼표가 아쉬울 따름이다.

그 시절, 소풍날 아침 엄마로부터 받은 용돈은 20원 아니면 30원이었다. 요즈음으로 치면 대충 이삼천 원쯤일 것이다. 친구 중에는 오십 원이나 백 원 정도의 큰 액수를 손에 쥐고 오기도 했지만, 형제가 칠 남매나 되던 우리 집은 30원 이상 받은 기억은 없다.

일찌감치 교문 앞에는 장사꾼이 진을 치고 아이들을 기다렸다. 키다리 오색 풍선이 공중에서 춤사위를 벌이고, 좌판 위에는 황소 눈알만 한 사탕이 하얀 설탕 가루를 담뿍 덮어쓰고 유혹의 눈길을 보냈다. 삼각 투명비닐 봉지 안에 든 노란 오렌지주스며 곱창 모양의 올록볼록한 풍선에는 잠시 머릿속이 혼란스러웠다. 고것들 앞에서는 개선장군처럼 씩씩하게 지나쳤지만, 반쯤 벌어진 입술을 앙다물었다. 그래도 갓 구워 반지르르한 팥빵이나 고슬고슬 몸을 부풀린 곰보빵에는 기어이 무릎을 꿇고 말았다.

성질이 급했던 손이 10원을 건네고 곰보빵 두 개를 받아 한입 가득 베어 물었다. 연달아 눈깔사탕과 오렌지주스를 남은 돈과 바꾸고 나서야 성이 찼다. 요즘 말로 나는 '기분파'였다.

주머니 속 하루 치 용돈을 단박에 없애고 나서 교문 안

쪽으로 발을 들였다. 아뿔싸! 교문 안 상황은 완전히 딴판이었다. 거기는 또 다른 장사꾼이 똑같은 곰보빵, 팥빵을 10원에 세 개씩이나 주겠다고 다가왔으니…. 가슴에서 헛바람이 '피시식' 빠져나갔다. 억울하고 분한 마음에 급한 내 성질을 후회했지만, 이미 빈털터리 신세가 된 뒤였다. 조금 전 기세등등했던 개선장군은 간데없고 몸은 바람 빠진 풍선, 나사 풀린 졸병처럼 터덜터덜 애꿎은 돌멩이만 발로 차고 있었다.

다른 친구들은 달랐다. 교문 안팎을 찬찬히 오가며 요모조모 따지고 고민하다가 물건을 산다는 것을 한참 뒤에야 알았다. 남들 눈에는 쫀쫀하게 보일지언정, 찬찬하게 결정하는 것에 고개가 끄덕여졌다. 장사꾼 중 몇몇 사람은 소풍 장소까지 물건을 머리에 이고 뒤따라왔다. 내가 아는 한 친구는 운동장에서는 눈요기만 하다가 정작 마지막 목적지에 도착해서야 야금야금 돈을 꺼내는 수법을 썼다. 그 바람에 떨이로 곰보빵 다섯 개를 건네받는 것을 보고 '아, 나는 너무 덤벙댔구나.' 하고 후회의 무릎을 쳤다.

타고난 천성은 어쩔 수 없는 걸까. 덜렁대는 습성은 나이가 들어도 여전하다. 예로, 여름날 둘러앉아 아이스크림을 먹을라치면 항상 내 손에 들린 것이 먼저 없어진다. 여자라면 혀로 날름날름 핥아 먹어야 정숙하게 비칠 텐데 단숨에 먹어치운다. 알사탕이나 초콜릿은 천천히 녹이기보다는 '와삭' 깨물거나 볼이 불룩하도록 먹어야만 제맛이다. 매력이라고는 벼룩 눈곱만치도 없는 여자다.

이런 것을 인생의 깊은 교훈으로 삼으련다. 앞으로 나한테 남은 날은 절대로 덤벙덤벙 쓰지 말기로 마음먹는다. 한 번뿐인 인생을 진중하고 귀하게 다루어야 한다는 생각이 진하다. 더러는 쫀쫀하고 쩨쩨하게 보일지언정 매 순간을 대충 써버리면 마지막엔 후회하게 될지도 모른다.

천상병 시인은 인생을 '소풍'에 비유했다. "이 세상 소풍 끝나는 날은 아름다웠노라 말하리라." 했다.

그렇다. 내게도 소풍 끝나는 날은 오게 돼 있다. 그때는 세상 모든 것들과 관계를 청산하고 영영 돌아오지 못할 먼 곳으로 먼지처럼 바람처럼 사라질 것이다. 애면글면 모은 재물, 사랑하는 가족과 영원히 이별을 고하고, 정든 집과 아끼던 물건과도 헤어지는 것을 피할 장사는 없다.

죽음 앞에서 인간은 얼마나 허무한 존재이던가. 한 번 뿐인 인생, 일회용인 '소풍'은 누구에게나 의미 있고 행복해야 한다. 그 옛날 내가 덤벙대며 교문 앞에서 하루 치 용돈을 순식간에 허비했듯, 팥빵과 초콜릿을 '폭풍흡입'으로 해치우듯, 그렇게 얼렁뚱땅 인생을 허비하지는 말아야지 싶다.

소풍을 가는 아이들의 뒷모습을 한참이나 지켜본다. 인생의 가을 길을 깊숙이 걸어 들어가고 있는 요즈음이다. 나는 매 순간을 값지게 소중하게 쓰고 있는지 곰곰 뒤돌아본다.

장(長)

초등학교 때 반장을 해본 경험이 있다. 또래들보다 비교적 큰 덩치에 활달했던 성격 때문이었던지 친구들이 반장으로 추천했다. 씩씩한 남학생과 예쁘장하고 공부까지 잘하는 여학생을 제치고 나는 반장이 되는 행운을 얻었다. 당시 대부분 남자를 반장으로 내세웠는데 유독 우리 반만 여반장을 추천한 특별한 이유는 여태 알지 못한다. 그렇다고 내가 반장이 되기 위해 사전에 친구에게 선심을 쓴

다거나 일부러 부탁한 적은 없었다. 어쨌든 그로 인해 알게 모르게 우리 반 남자아이들은 기가 한풀 꺾여야 했던 것은 사실이었을 게다.

반장이 하는 일은 뻔했다. 수업을 시작하고 마칠 때 자리에서 일어나 선생님을 향해 차렷, 경례 구령을 부치고 쉬는 시간에는 싸우거나 분탕치는 친구의 이름을 흑판 한 쪽에다 적어두는 게 다였다. 조례가 있는 날, 체육 시간에는 먼저 친구들을 운동장에 모아 줄을 세우고 맨 앞줄에서 두어 발 앞으로 나가 서서 선생님을 기다렸다.

반장한테는 나름대로 특권이 있었다. 한창 운동장에서 놀고 있는 여학생의 치마를 들치고 고무줄놀이를 방해하는 짓궂은 남학생을 어렵잖게 골탕 먹일 수 있었다. 방법은 간단했다. 눈에 거슬리는 남학생은 사정없이 흑판 한 쪽에다 이름자를 적어 선생님께 일러바쳤다.

결국, 수업을 마칠 때 이름이 적힌 친구는 걸상을 들고 벌을 받거나 화장실 청소 벌을 피하지 못했다. 그래도 평소 내가 좋아하는 남학생은 웬만큼 떠들어서는 적당히 눈감아주는 특권을 행사했다. 흑판에 적힌 이름을 지워달라고 박하사탕을 뇌물로 건네는 친구한테는 슬쩍 특혜를 줬던 나는 별로 정직한 반장은 아니었다. 세월이 흐른 지금도 그때를 떠올리면 입꼬리가 슬쩍 올라간다. 그즈음 청소 당번을 밥 먹듯 했던 한 남자친구는 동창회 때면 '청문회'를 열어 볼이 얼얼하도록 웃는다.

요즈음 부모들은 내 아이를 위해서라면 온갖 바람을 일으킨다고 들었다. 그것은 곧 돈바람일 것이다. 가진 사람들이 부정적인 가치관으로 설친다면, 그렇지 못한 아이들만 선의의 피해를 보게 된다. 아이의 능력이면 몰라도 부모 덕이라면 무슨 의미가 있을까. 해서는 안 될 일이다.

남들이 보기에는 어설프거나 말거나 '장'은 좋은 것인가 보다. 현대는 시골 동네 이장이나 아파트단지의 통장도 경쟁이 여간 아니라고 들었다. 이장이 부지런하면 동네 사람들이 덩달아 단합이 잘되어 마을 길이 넓어질 수 있을 것이고, 통장을 잘 뽑으면 주민들은 한결 편리함을 누릴 수가 있어서 득일 테다. 해서, 단체의 규모가 크든 작든 '장'은 중요한 자리가 틀림없다.

한 나라를 대표하는 '장'을 선거할 때가 되었다. 방송이나 매스컴에서는 '장' 자리를 두고 인물평이 분분하다. M 씨는 젊은 층과는 소통이 잘돼 서민 대통령이 될 수 있겠지만, 좌파 색깔이 진하단다. I 씨는 청렴, 소박함이 본받을 만하나 자신만의 콘텐츠가 부족할뿐더러 당선 가능성이 적은 것이 문제이고, H 씨는 보수여서 사회갈등이나 통합능력 검증이 미숙한 점이 과제라고 한다. 속속들이 알 수는 없지만, 나라 전체가 '장'문제에만 올인하는 것은 바람직하지 않다. 한 나라를 이끌어 가는 '장'을 뽑는 일이 중요한 일인 것은 더 말해 무엇할까마는 무엇이든 과한 관심은 소음일 수 있다. 국민은 그저 조용하게 지켜보고 속으로 짐작하고 신중을 기울이면 될 일이다.

지금껏 우리 집 '가장' 덕분에 그럭저럭 인생의 절반 이상을 잘 지냈다. 아이들은 커서 나름의 둥지로 떠나고 절간이나 진배없는 집에 두 중늙은이만 남아 서로 '장'이라고 우길 때가 더러 있다. 이제 어떤 '장'도 관심에서 멀어졌다. 서랍장 속에든 '통장'이나 옥상 장독에든 '고추장, 된장' 관리만 잘하면 될 일이다.

그런데 뒤늦게 이변이 일어났다. 지난여름, 친정 엄마

생신을 마친 육남매가 모임을 만들었는데 거기서 난데없이 회장이 되었다.

의붓어미

텃밭 둔덕에 금송화가 한창 군락을 이루었다. 이태 전 그만의 꽃 빛과 알싸한 향이 좋아 이웃집 화단에서 데려와 묻었는데 온 천지에 꽃밭을 만들었다. 부지런히 포기를 늘리며 피워낸 꽃들이 숭얼숭얼 더없이 탐스럽다.

그들 중 제일 튼실한 놈 하나를 골라 화분에 옮겨 심었다. 건물 이층 테라스 가장자리, 볕이 잘 드는 곳에 자리를 잡아주고 오르내리며 눈을 맞추고 물도 주었다. 처음 며칠은 그도 서먹했던지 고개를 쭈뼛거리더니 이내 자리를 익혀갔다.

텃밭에 남은 친구들은 이놈을 엄청 부러워했다. 그가 떠난 움푹 팬 빈자리 쪽을 향해 일제히 몸을 삐딱하게 비틀어 힐끔힐끔 나를 쳐다보았다. 마치 '저도 데려가 주세요.'라며 사정이라도 하는 눈치였다.

하루가 다르게 한기가 느껴지는 초겨울 날씨에는 화분을 베란다에 잠시 옮겼다가 마침내 거실 안으로 들여놓았다. 바깥은 엄동설한이지만, 실내 온도는 포근한 봄날이었으니 금송화는 계절을 잊었던지 제 할 일을 다했다. 텃밭 둔덕에서 오들오들 떨고 있을 친구들이 걱정이었다.

그런데 그게 아니었다. 둔덕에 있는 친구들이 오히려 씩씩했다. 초겨울 한기에 살랑살랑 어깨춤을 추며 냉기를 즐겼다. 서로 몸을 기대어 비비고 허리를 휘청거리면서도 생기는 여전했다. 그에 비하면 집안에 들여놓은 금송화가 훨씬 몰골이 허약하다는 걸 뒤늦게야 알아차렸다. 내 생각이 오산이었다. 그때 비로소 나는 금송화가 어지간한 추위에도 잘 견디는, 냉기에 강한 꽃임을 알게 되었다. 그에게 원래의 제자리가 몹시 그리웠을 거라는 생각이 들자 측은지심이 일었다.

금송화는 자신의 의지와 무관하게 화분으로 옮겨졌다. 다시 이층 테라스에서 거실 베란다를 거쳐 마침내 거실 안으로 자리가 바뀔 때마다 낯선 환경을 몸소 익혀야만 했을 금송화가 아니던가. 몹시 낯설고 갑갑한 시멘트 상자 안에서 지내며 적응하느라 놈은 진땀깨나 흘렸을 거다. 언젠가 내가 외출에서 돌아왔을 적에는 고개를 반쯤 떨어뜨리고 어깨가 축 늘어진 채였지 않았던가.

가까이서 지켜본 금송화는 윤기가 가시고 몰골이 얄궂었다. 숨을 할딱거리며 색깔과 향기는 엷어져 잎이며 줄기가 기진맥진이었다. 마치 중병을 앓고 있는 안색이 신음이라도 하는 시늉이었다고나 할까. 텃밭 둔덕에 사는 친구들에게 비하면 반쯤 죽은 목숨이나 진배없음이 애잔했다. 내가 죄인이었다.

요즘 들어 TV 켜기가 무섭다. 며칠 잠잠한가 싶다가 다시 끔찍한 의붓어미의 자식 학대 소식이 방영되는 날은 잠을 설친다. 소중한 어린 생명이 의붓어미의 손에서 억울하게 죽어간 것을 보고 있으면 몸서리가 쳐진다.

부모의 이혼 때문에 어린아이가 생모를 떠나 온갖 고통을 당하다가 맥없이 주검으로 발견된 것을 알고 나면 분을 삭일 수가 없다. 물론, 의붓어미라고 다 그런 것은 아닐 테지만 말이다.

옛날 동화 장화홍련, 콩쥐팥쥐, 백설공주, 신데렐라 같은 의붓어미 이야기가 다시 현실이 되어가는 것일까. 부부가 헤어져도 재혼을 한 아버지는 아이가 고통과 불안에 떨며 죽어가는지를 왜 몰랐을까. 도무지 이해할 수가 없다. 남녀가 결혼해서 자식을 둔 이상 아무리 서로 사이가 나쁘고 힘이 들어도 자녀가 자립할 때까지는 참아야지 당장 둘만 편하자고 갈라선다면 아이는 어찌되겠는가. 언제 그 생명이 낳아달라고 응석이라도 부렸던가? 서로 좋아서 낳은 생명을 내팽개치면 지금처럼 끔찍한 계모 사건의 원인이 되는 것이다. 무책임한 어른들의 처사로 죄 없는 아이들만 피해자로 남는다.

부모는 새 생명을 올곧은 인성으로 인간답게 자랄 수 있도록 해야 할 책임과 의무를 진 사람이다. 그에 걸맞은 보육이나 교육, 환경을 아이에게 제공하는 것은 지극히 당연하다. 상식 이하의 심성을 가진 의붓어미 손에서 어린 생명이 주검으로 돌아온 화면을 떠올리면 오던 단잠이 천리만리 달아난다. 전신에 오싹 소름이 끼치고 입맛마저 가신다.

텃밭 둔덕에서는 멀쩡하던 금송화였다. 단지 내 이기적인 판단으로 화분에 옮기고 건물 계단으로, 베란다로, 다시 거실 안으로 환경을 바꾸어 끌고 다니며 괴롭혔던 것이다. 내 생각만 했지 상대는 뒷전이었다. 그에게 나는 몹쓸 의붓어미 같은 존재였다.

환경이 얼마나 중요한가. 금송화한테는 몹시 불편했을 자리, 벌도 나비도 찾지 않는 한정된 시멘트 상자 안은 숨이 막혀 죽을 만치 갑갑한 교도소이었을지 어찌 알랴. 내가 사죄라도 해야 마땅하다.

살기 위해 금송화는 발버둥 쳤을 거다. 원망의 눈초리로 시들시들 기운을 잃다가 어느 날 무심코 쓰레기통으로 휙 던져질지도 모를 운명에는 사시나무처럼 떨었을지도 모른다. 매 순간 불안과 고통이 엄습해 올 때마다 정신 줄을 곧추세우며 버티었을 게 뻔하다.

다 죽어가는 금송화를 바라본다. 당장 뿌리째 뽑아 검은 비닐에 넣어 쓰레기통으로 던져버리고 싶지만, 의붓어미 사건을 지켜보며 치를 떨던 내가 어찌 그럴 수 있겠는가.

오전에 둔덕으로 간 금송화가 해거름에 살며시 허리를 세웠다. 노을 사이로 줄지어 내려온 햇살 친구가 주변을 빙 둘러싸고 앉았다.

4부

명태의 변신

어떻게 살아지든 무슨 상관이랴. 한평생 살면서 누구에게 따뜻한 밥 한 끼가 되고, 죽어서 한 그릇의 국이나 찌개 같은 그리움이 된다면 그것으로 다행인 것을.

나 홀로 집에

종일 꼼짝없이 집안에서만 지낼 때가 있다. 이때는 미루던 서랍 정리를 하거나 읽고 싶었던 책을 뒤적거린다. 사이사이 음악에 귀를 팔기도 하고 오랜만에 친구 정옥이와 전화 수다를 떨다가 보면 하루해는 금세 미끄러진다.

종종 혼자서 일하고, 책 보고, 적당히 위를 채우는 한가를 즐긴다. 어차피 인생은 나 홀로 다방, 마음 가는 대로 느슨하게 고삐를 푸는 여유가 달콤하다. 지난날이야 먹고 살고 자식 거두는 숙제로 정신이 없었다지만, 그도 한고비 넘겼으니 대충 주어진 것에 만족하며 살기로 마음을 굳힌다. 이렇게 생각을 바꾸고 나면 매사가 편안하다. 어느 노스님은 "행복하려면 먼저 마음부터 편안하게 할 줄 알아야 한다."라고 법문 했던 것처럼.

오늘 남편은 고향 동창회에 가고 부재중이다. 그간 밀린 원고 숙제를 할 참으로 먼저 레인지 위에 찻물을 올린다.

종일 집에 있다가 보면 원하지 않는 초인종이 울릴 때가 있다. 그 대부분이 나와 무관한 사람의 방문일 때는 난감해진다. 그렇다고 상대가 보는 앞에 대놓고 속을 내보일 수 없는 일이어서 혼자 끙끙거리며 돌아가기를 기다릴 수밖에. 적당히 대화를 중간에 자르거나 조절하는 방법을 쓰기도 하는데 상대가 고단수로 나올 적에는 그대로 당하고 만다. '객이 한나절의 한가를 얻을 때 주인은 한나절의 한가를 잃는다.'라는 말뜻을 전달할까 싶다가도 애써 마음을 가라앉힌다.

밀린 숙제를 하려고 자판기 앞으로 깊숙이 의자를 막 끌어당겼을 때였다. "딩동, 딩동…." 현관 앞에서 누군가 초인종을 눌렀다. 손이 덜컥 문부터 열었다. 단정하게 차려입은 두 중년 여성이 아는 척 눈인사를 하며 양발을 현관 안으로 들이고 "좋은 소식을 전하러 왔어예…."라고 했다.

어떤 종교 단체에서 나온 것 같았다. 손바닥만 한 책자를 내밀며 들어가도 되겠느냐고 했다. 이미 밀다시피 몸과 발을 들여놓았으니 '우리 이야기 좀 들어 달라.'라는 의향으로 들렸다.

현관문을 열어준 것을 후회했지만, 이미 때는 늦었다. 그런데 건네받은 책자 표지에 붙은 붉은 스티커에 눈이 꽂혔다. '예수 천당, 불신 지옥'이란 커다란 문구가 나를 빤히 쳐다봤다.

순간, 속이 울컥하면서 머리가 '띵' 했다. 난감하기 그지없었다. '예수를 믿으면 천당, 부처를 믿으면 지옥'이라니…. 이건 말도 안 되는 소리 아닌가. 상대가 보는 앞이었지만, 나는 인상이 자꾸 돌아갔다. 애써 부글거리는 속을 감당하자니 좌불안석이었다. 급하게 머리를 써 '외출'을 핑계로 상대를 돌려보내는 데 용케 성공했다. 읽어보라고 신신당부를 하며 건네준 책자는 여자들이 계단을 내려가자마자 쓰레기 통속으로 잽싸게 던져버렸다.

하지만 부글거리는 속은 좀처럼 진정되지 않았다. 컴퓨터 자판 앞에 앉았지만, 도저히 숙제가 되지 않았다. 절대 신분을 알기 전에는 현관문은 열지 않겠노라 작심을 했다.

겨우 머릿속이 진정되어 가나 했는데, '재르릉' 집 전화기가 온몸으로 오두방정을 떨었다. '건강검진대상자'라 시설 좋은 A 병원으로 오셔서 검진을 받으신다면 덤으로 농산물 상품권을 주겠다는 내용이 아닌가. 속에서 헛바람이 빠져나가고 있는데 이번에는 식탁에 얹어둔 스마트폰이 휘파람을 불며 '제발, 이번만'이라고 한다. '최신형 스마트 폰을 공짜로 교환해 주겠다.'는 내용이었다. 농수산물 상품권, 공짜 휴대폰은 '광고'라고 결론을 내렸다.

점심을 빵으로 대신하고라도 숙제는 해야 할 판이었다. 제대로 해야겠다고 안팎을 단단히 무장했다. 한참 동안 자판 소리 말고는 아무도 내 일을 방해하지 않았다. 그런대로 정신이 제자리를 찾아가고 있었다.

그때였다. '띵동, 띵동' 현관 인터폰이 또 울렸다. 이번에는 절대 문을 먼저 열어주는 실수는 범하지 않겠다며 '누구냐'고 따지듯 물었다.

"내다. 와. 사람이 와 이리 까칠하노?"

외출했던 남편이 벌써 돌아왔다. 이러니 어찌 숙제인들 제대로 할 수가 있겠는가. 몇 차례나 문전 축객을 받고 나면 속은 부글부글 거칠어지고 집중은 안 되기 마련이다.

막 현관문을 들어서는 사람한테 무슨 큰 사건이나 일어난 것처럼 다짜고짜 '예수 천당, 불신 지옥' 이야기부터 꺼냈다. 그게 가당키나 하냐고 따지듯 양손을 내밀며 열변이었다. 세상에 그런 논리가 어디 있느냐, 그렇다면 불교 신자는 다 지옥 가느냐고 불만을 벌겋게 늘어놓았다. 만약에 불교 신자들이 대중 앞에서 '불신극락 예수지옥'이라고 하면 좋겠냐고 묻고 있는 동안 또 속이 끓었다.

듣고만 있던 남편이 빙긋이 웃으며 입을 열었다. 답변인 즉, '예수를 믿으면 천당에 가지만, 불신(不信)하면 지옥.' 이라는 거였다. 완전히 새됐다.

이제라도 정신 차려 원고숙제를 마무리하려는데 남편이

다가와 글을 보더니 '이런 내용을 써서 보내면 혹여 어느 종교 단체에서 말썽의 소지가 될 수 있으니 말라.'고 사생결단으로 말린다. 그러나 다시 쓰기에는 시간이 턱 부족이다. 에라, 모르겠다. 원고 보낸다.

명태의 변신

며칠째 올린 북엇국에 남편은 밥 한 그릇을 게 눈 감추듯 했다. 친구와 점심 약속을 한 식당에서는 황태찜 요리가 소문만치나 별미였다. 집으로 돌아오는 길에 들른 동네 어물전에서 물 때 좋은 생태 한 손을 사 들고 왔다. 종일 명태 판이다.

명태만치 변신이 다양한 생선도 없다. 동해를 유영하던 명태는 어부가 친 그물에 걸려 뭍에 오르는 순간 그 이름과 운명이 달라진다. 곧바로 시장으로 가면 '생태', 냉동창고에 가서 눠어지면 '동태'이다. 나일론 끈에 코를 꿰어 바닷바람에 구덕하게 말리면 '코다리', 진부령이나 용대리 덕장으로 옮겨져 겨우내 해풍에 얼고 녹기를 거듭하다가 이듬해 봄이면 '황태'라는 이름을 얻는다.

어찌 그뿐이던가. 머리며 눈과 입, 지느러미와 몸통까지 짜부라지도록 바짝 말린 '북어'는 세상의 나쁜 기운을 물리친다면서 고사상이나 성업을 비는 개업용 행사상에 올려놓고 정중한 대우를 한다. 그중 자잘한 것만을 골라 먹기 좋게 말려 손질한 '노가리'는 겨울철 포장마차 안에서 서민의 술안주가 되고, 가족이 둘러앉은 행복한 식탁에서 밑반찬으로 만난다.

한 마리의 명태는 죽어서 생태, 코다리, 황태, 동태, 북어, 노가리라는 이름을 얻고, 그것은 다시 국이나 탕, 찌개나 찜이 되어 사람들을 만난다. 서로 다른 손길을 만나 매번 다른 이름과 요리로 태어나는 명태는 요술 생선이다.

자신의 의지와 상관없이 어떤 상대를 만나는가에 따라

운명과 행로가 달라지는 것, 그것이 어찌 명태뿐이랴. 우리네 삶도 그러하리.

막 처녀티가 폴폴 나서 꽃띠였던 여자는 어부가 친 그물에 걸려 이씨 가문의 '며느리'요, '아내' 가 되었다. 이어 자식을 잉태하고 '엄마' 로서의 운명적인 삶을 접수했던 여자. 빈한했던 이 씨 어부를 보필하기 위해 미용기술을 익혀 '미용사'가 되었다. 말 많고 탈 많은 남의 머리를 만지는 일을 강산이 두 번이나 변하도록 해가며 청춘을 다 썼다. '여자 팔자 뒤웅박 팔자.'라는 말은 여자를 두고 한 말이었다. 당장 살아내는 데 '돈'은 어쩔 수 없는 수단이었다.

문제를 해결하는 방법으로 치자면 부동산업만 한 일도 없다는 친구 말에 귀가 솔깃했다. 얇아 터진 귀는 천직인 미용사를 접고 친구를 따라나섰다. 말만 듣고 찾은 사무실에서 선뜻 '김 실장' 직함이 붙었다. 이름값을 해야 했다.

돈 냄새가 나는 곳이면 남 먼저 달려가 코를 들이댔다. 가는 곳마다 머릿속은 득과 실을 계산하는 산수 시간이어야 했다. 세상은 이득을 절대 거저 주는 법이 없다는 걸 가르치는 현장이었다.

부동산업. 그 바닥은 절대 호락호락하지 않았다. 수시로 내게 숙제를 내주며 한계를 실험했다. 당장 선 자리에서 풀썩 주저앉고 싶을 정도로 계산을 막막하게 만들었고, 더러는 혹독한 쓰나미에 떠내려가는 지붕 위에 올라탄 심정일 때를 가감 없이 경험했다. 이득을 얻고 수익을 내기란 예삿일이 아니었다.

그렇다고 중간에 주저앉거나 포기하기는 싫었다. 그때마다 다시 몸과 마음을 곧추세워 일어나려 안간힘을 썼다. 이득을 주는 땅과 건물을 찾아다니며 부동산 정보에 안테나를 세우고 조금을 노리느라 말초신경은 늘 피곤함에 떨었다. 애써 가는귀를 세우고 있을라치면 희미하게 '비밀'음성을 감지할 수가 있었다. 나는 그때마다 자잘한 '노가리' 대신 더 통통한 명태를 만나야 한다고 최면을 걸고 또 걸었다. 그즈음 일에 차차 마수가 붙었었고 사장은 '부장' 직함을 달아주며 엄지손가락을 세워 보였다. 이제는 지느러미와 아가미에 힘이 들어가서 어지간한 바닷

물은 유영할 수 있겠다는 명태의 꿈이 제법 활기를 더해 갔다.

돈 많은 부자가 시시해 보였다. 덩치 큰 호박이 한두 번 제대로 구른다면 자잘한 들깨 정도가 수십일 숨 가쁘게 재주부린 대가보다 훨씬 승부가 빠른 이치에는 회심의 미소를 지었다. 저절로 목에 힘이 들어가 날마다 교만의 수내기는 죽순처럼 쑥쑥 커갔다.

하지만 그걸 알아챈 신은 그냥 지나칠 수가 없었던가 보다. 내 분신인 가족, 눈에 넣어도 아프지 않은 자식, 젊음의 시퍼런 이파리로 펄럭거리는 딸아이를 이승의 나뭇가지에서 가차 없이 떨어트렸다. 잠시 부린 내 교만의 대가치고는 너무나 가혹한 형벌이었다. 피를 철철 흘리며 만신창이가 된 육신은 세상의 뒷골목으로 가서 바스락 가랑잎으로 나뒹굴었다. 신의 천벌로 교만의 수내기가 일순간에 싹둑 잘리어 맥없이 나가떨어지게 한 것은 분명 천벌이었다.

나는 그간에 지녔던 직함을 죄다 리셋하고 신 앞에 오체투지를 했다. 세상을 향해 말의 변비증에 걸린 환자 아닌 환자가 되어 반성문을 쓰며 속죄하는 심정이었다. 벽에 매달려 비쩍 마른입을 까짓것 벌리고도 할 말을 잊어가는 북어 형상이었다.

반성문을 쓴 지 다섯 해째 되던 날은 한 권의 책을 묶어 '수필가'란 이름을 문단에 올렸다. 과분하고 훈장 같은 직함에는 가슴을 덜덜 떨었다. 이름값으로 더 좋은 글을 써야 한다는 부담이 있기는 하지만, 곁에 두고 사랑으로 쓰다듬으면 될 성싶다. 거기다 근자에 들어 아들네가 손자를 선물하는 바람에 '할머니'직함까지 얻었으니 과분하기만 하다.

명태의 변신만큼이나 나 또한 갖은 변화를 치르면서 살고 있다는 생각이다. 지난날 걸쳤던 이름과 직함들이 주마등처럼 지나간다. 세상사 인연은 운명이고 숙명이었다. 한 어부를 만난 인연으로 걸쳐야 했던 치장이 이제는 다 그리움이고 추억이다.

사람이나 명태나 운명에는 매한가지다. 뭍에 오른 이상 동태면 어떻고 황태면 어떠할까. 세상에는 자신의 의지와 상관없이 하고 싶은 일과 말을 다 못하고 살아가는 이가 어찌 나쁜이랴. 요즈음같이 복잡하고 바쁘게 살아가는 현인은 운명이 시키는 이름대로 고정되고 마는 동태 형상은 아닐는지.

어떻게 살아지든 무슨 상관이랴. 한평생 살면서 누구에게 따뜻한 밥 한 끼가 되고, 죽어서 한 그릇의 국이나 찌개 같은 그리움이 된다면 그것으로 다행인 것을.

나는 말한다. 당장에라도 가위와 빗을 손에 들면 '미용사'가 되고, 원하기만 하면 부동산 '실장', '부장'은 원없이 할 수가 있다. 글 마당에서는 '수필가', 손녀 앞에서는 정 많은 '할머니'라고.

늦게 얻은 '수필가'는 운명적으로 만난 거여서 애착이 간다. 이제 더는 어떤 호칭도 사양하련다. '수필가' 하나면 충분하다. 하지만 이것마저도 살 만큼 살다가 이 세상 소풍 마치는 날은 잠시 그린 낙서처럼 쉽게 취급되거나 한바탕 말장난으로 사라지게 될지도 모를 일이다.

원하건대, 다음 생은 동해를 유영하는 살 오른 '명태'로 태어났으면.

문수사 가는 길

자동차를 몰고 집을 나섰다. 동네를 나와 번잡한 로터리를 지나고 젊음이 출렁거리는 대학교 앞을 벗어나면 도로는 언제 그랬냐는 듯 한산하다. 핸들을 부산 쪽으로 돌려 한참 달리다 보면 사방이 산이 산을 안고 다가와 안긴다. 비스듬히 누워 오전 햇볕을 쬐고 있는 문수산, 그 자락에 있는 문수사를 찾아간다.

근처 주차장에 차를 세우고 절로 오르는 외길로 접어든

다. 숲은 어느새 꽃 진자리를 채운 잎사귀가 한들한들 녹음으로 치닫고 있다. 햇살을 머금은 오리나무 이파리가 참기름을 바른 듯 윤기가 자르르 흐르고, 자작나무 이파리는 배릿한 풋내가 묻어난다.

때늦은 산벚꽃이 '수우' 솔숲이 내는 염불 소리에 취해 몇 안 남은 마지막 꽃잎을 다문다문 바람에 띄운다. 잔가지를 흔들며 목청을 고르는 휘파람새, 귀만 열어도 절로 영혼을 맑게 하는 박새가 머릿속을 가득 채운다. 걸음을 멈추고 저만치 시선을 던져둘라치면 알 수 없는 편안함이 인다.

눈을 지그시 감아본다. 골짜기가 주는 아름다움은 눈으로 보는 것보다 가슴으로 느껴야 할 것만 같은 충동이 일어서다. 이 길 위에서의 가치는 느끼는 사람의 몫이다. 이런 걸 느끼지 못한다면 그냥 초라한 이방인에 그칠 것이다.

나는 느낌의 부자다. 가진 것은 적지만 느껴서 행복해하고 만족하는 감성이 풍성한 것에 고마워한다. 느낌은 속뜰을 충만하게 거들어 존재의 가치를 드높여 준다. 문수사를 오르는 길에서 만나는 온갖 나무며 햇살에 반짝이는 잎들과 맑은 새소리 같은 길동무가 없다면 얼마나 단조롭고 재미없을까. 밋밋하고 심심함은 오르는 내내 맥 빠지게 할 것이다. 걸음은 터덕터덕 산 먼지만 일으킬 게다.

'문수사'는 산 능선의 절벽 난간 위에 지어졌다. 신라 때 자장율사가 지어둔 소박한 암자였지만, 지금은 결코 작은 절이 아니다. 어느 대기업 일가가 이곳에서 기도 영험을 얻었다는 소문이 나면서 '영험 있는 기도 도량'이 되었다.

절로 오르는 길가로 솔숲이 우거진 것이 푸근함을 더한다. 정상을 향해 허리를 되감아 오르는 절벽 난간 위 대웅전을 향해 손을 모을라치면 그대로 순례자가 된 기분이다.

가다가 멈추고, 다시 발을 옮긴다. 머리 위에는 절벽으로 큰 바위가 낭떠러지를 만들어 놓았다. 대웅전을 코앞에 두고 마주하는 덩치 큰 '바위 보살' 앞이라 엄숙함이 느껴져 다시 손을 모은다.

마지막 돌계단을 오른다. 허영허영 숨을 몰아쉬는 내가 안쓰러웠던지 풀 섶에 숨어있던 보라색 제비꽃이 가는 목을 길게 내밀어 응원이다. 그때 솔가지 사이로 올려다본 하늘은 또 어쩌면 그리 파랗든지….

오르막 난간 옆 길가는 누군가가 소원으로 쌓아 올린 작은 돌탑이 군데군데 묵상 중이다. 왠지 자꾸만 그리로 눈이 가진다. 돌탑의 주인은 지금쯤 성불을 이루었을까. 축원하고 축사하는 마음에 또 손을 모은다.

그렇다. 절이란 부처가 있는 도량만이 아니라 가는 길까지 포함한다. 그래서 절을 향해가는 출발부터 순례자의 마음이어야 한다. 절은 들어가는 길 입구는 다소 멀거나 풍광이 거들어 주어지면 더 좋을 테다.

절로 들어가는 길이 아름다워야 아름다운 도량으로 여겨지는 마음이듯, 우리네 인생도 과정이 아름다워야 훌륭한 인생이라 말할 수 있으리. 결과나 정상만을 두고 말한다면 재미가 없을뿐더러 목적지까지 가는 길은 팍팍해서 건조하기만 할 것이다.

누구나 인생의 종점은 '죽음'이다. 한 사람의 인생은 과정을 얼마만큼이나 의미를 두면서 사느냐에 달렸다. 생의 명확한 결과가 죽음이기 때문에 그곳에 이르는 과정에 의미를 두고 살 때 아름다운 한평생이 될 것이다.

나는 절로 가는 길에서 만나는 온갖 것들에게 마음을 준다. 적당히 호흡을 당기거나 늦추며 속 뜰을 열어 보이며 서로 교감하고 사색하는 재미에 빠져 걷는 동안은 바위 같던 마음의 무게가 새털처럼 가벼워지는 것을 느낀다. 머릿속은 티끌 하나 걸치지 않은 맑음으로 채워져 마침내 길 끝 지점 대웅전 법당에서 만난 부처의 미소가 더 반갑고 빛나 보인다.

행여 다도를 즐기는 사람이라면 더 알지 싶다. 차 한 잔을 마시는 과정이 전기 주전자로 막 끓인 물에다 대충 우려 단박에 홀짝 마시고 그냥 일어선다면 무슨 의미가 있을까. 물을 끓이고, 비우고, 또 다기를 꺼내서 만지고, 펼치고, 마시고 나서 씻고, 거두어들이고 하는 과정에 의미를 두는 것이 차 맛을 더하지 않은가 말이다.

문수사로 가는 길은 자동차를 몰고 절 뒤쪽 입구까지 단박에 이르는 방법이 있긴 하다. 요즈음같이 바쁜 세상에 굳이 먼 길을 고집하느냐, 그럴 필요까지 있느냐며 물을지도 모르겠지만, 자동차로 단숨에 도착하는 방법은 원치 않는다. 그것은 청춘을 생략하고 노령의 인생길만 누리려는 것과 다르지 않기 때문이다. 무학무지로 청춘을 보내고 죽음 앞에서 사서삼경을 통달한들 무슨 소용일까 하는 생각과 같은 맥락이다.

누구든, 종교가 무엇이든, 문수사로 가는 길 위를 한 번쯤 걸어가 볼 것을 권한다. 그저 아무런 부담 없이 열린 마음만 가졌다면 충분하다. 거기서 만나는 주변 풍광과 무언의 교훈을 온전히 그대 것으로 만들어 보시라.

산문을 들어서는 머리 위로 대웅전 마당을 비추고 있는 햇살이 행복을 뿌리듯 반짝거린다.

그리운 고요

새벽. 잠에서 깨어났다. 창문을 두드리는 바람 소리 때문이다. 귀만 열어놓고 누웠는데 그 자리에 청소차가 대신한다. 내 잠을 깨우는 주범들이다. 창밖은 가로등이 희미한 어깨를 구부려 묵상으로 여명을 기다린다.

삼월의 문이 활짝 열렸다. 새봄, 새 학년, 새 출발, 새 희망의 계절이다. 아직 꽃샘추위는 떠나기를 망설인다. 지난겨울은 유난히 눈이 많아서인지 봄은 저만치서 자꾸 걸음을 아낀다. 경칩을 지난 걸음은 속도를 붙여도 좋으련만 잔설 앞이라 그런지 자꾸 몸을 움츠린다. 결국 봄한테 자리를 내줘야 할 텐데 말이다.

아침 운동을 하러 남편이 현관문을 나선다. 운동화 끈을 매고 나서는 등 뒤로 "길에 미끄럼 조심하세요."라고 주위 말을 건네는데도 성품이 뚱한 사람인지라 '흠.' 하는 소리만 들은 것이 대만족이다. 세상 사람들이 자기 목소리를 높이기에 기를 쓰는 요즘 같을 때는 차라리 말 없음이 더 돋보인다.

현관문을 비집고 들어온 조간신문을 주워든다. 새벽길을 달려온 신문에서 나는 이 신선한 냄새가 어설픈 향수를 능가한다.

일면이 모두 눈 소식뿐이다. 강원도 산간지방은 한 동네가 완전히 섬이 되어 구급대원들의 도움으로 생활의 불편함을 해결한단다. 가까운 경주에서는 강당 천정이 눈 무게에 내려앉아 대학생들의 목숨을 앗아간 회색 사진들이다. 매스컴을 통해 알려진 사고이지만, 가슴 먹먹하기 이를 때 없다. 피해자 가족이 겪어야 할 억장 무너지는 심정을 어찌 말로 다 표현할 수 있으랴.

다음 지면은 지방 어느 단체사람들이 머리와 가슴에 붉은 띠를 두르고 농성을 벌이는 장면이다. 안 그래도 나라 안이 우울한데, 개인이나 단체의 이익을 위한 소리로 온통 눈이 혼란스럽고, 귀가 소란스럽다. 정치인들과 단체의 언성이 가마솥에 팥죽 끓듯이 우글거린다. 이렇게 나라 안이 우울할 때는 개인은 좀 자제를 하는 것이 상책이다.

오늘날은 말의 홍수 속에 산다. 오감이 분주해서 고요할 시간이 부족하다. 나 역시 어떤 날은 할 일을 산더미처럼 모아두고도 쓸데없이 수선을 떨며 시간을 지울 때가 더러 있다. 때로는 집 전화기로 모자라 밖에서 길을 걸으면서 휴대전화기를 합세해서 말을 배설한다.

휴대전화가 생기고 나서부터 세상은 더 소란스러워졌다. 몇 사람이 지나가는 길인데도 뭇 사람인 듯 소란 할 때가 있다. 전화기에 대고 언성을 높여 싸우는 이, 발걸음을 옮기는 곳마다 중계방송을 하는 젊은이를 흔하게 본다.

얼마 전, 서울로 가는 고속버스 안에서였다. 내 뒷자리에 앉은 남자는 가는 내내 전화질이어서 머릿속이 다 어질어질했다. 서울에 도착해 갈아탄 지하철 속도 소란하기는 매한가지였다. 개인의 전속 사무실인 양 온갖 내용이 오갔다. 전화 내용을 들어보면 그가 뭐하는 사람이며 어떤 인간성을 지녔는지를 대충 알아차린다. 스마트 폰으로 집안 살림을 하는 주부, 멀리 있는 친구와 영상으로 생중계방송을 하는 이가 있으니 오죽하겠는가.

말이 많으면 쓸 말이 적다고 했다. 쓸데없는 수다는 소음이다. 말은 하지 않아서보다 해서 후회하는 경우가 더 많다. 그럴 바엔 차라리 침묵을 선택하는 것이 득이 더 크다는 결론이다. 말이 의사표시의 하나이듯이 침묵 또한 의사 표시의 한 가지 방법이 아니던가.

불가에서는 말수는 줄이고 행동은 크게 하라고 가르쳤다. 그렇다고 무조건 침묵만을 고집하는 것은 절대 아니다. 몸가짐이 단정하고 세련된 여승무원의 나긋나긋한 말씨는 사람들의 마음을 끌 만하다. 제복 차림의 은행원이 하는 상냥한 안내 말씨를 싫어할 사람은 아무도 없을 것이다.

요즈음 나가는 동네 서실은 고요를 느낄 수 있어서 즐겨 찾는다. 붓을 잡고 정신을 한곳에 모으는 시간을 좋아하는 사람들이 모인 자리라서 그런지 대부분 말수가 적다. 가끔 선배의 조언만이 유일하다. 침묵의 묘미를 느끼는 시간은 내 생활의 유익한 한가함을 선물한다. 숨을 조절해 '난'을 치고 있을라치면 난향은 오롯이 내 것이다. 붓끝으로 곡선을 휘어지게 그릴 때는 속까지 부드러워진다는 것을 알아가는 아름다운 작업이다. '죽'을 칠 때는 일념으로 등뼈를 곧추세워 불의를 타협하지 않으려는 호연지기를, 댓잎을 달 때마다 검은 먹이 주는 농도에 매료되어 영혼이 누그러진다. 곧은 마디에 중간중간 자잘한 잎사귀를 달고 있을 때는 댓잎이 주는 운치를 실감한다.

묵향에는 사람을 몰입시키고 고요를 찾는 힘이 있다. 화선지로 옮겨진 '국화'는 고요 다음에 피어나는 정절의 황금빛 꽃이 된다. 취미로 나가는 동네 서실에서의 시간은 잠시나마 마음을 내려놓고 여백이나 쉼표의 의미를 떠올리게 하는 지혜를 준다.

어쩌다 수다를 많이 떤 날은 공연히 마음이 허하다. 몸에서 기운이 다 빠져나가 이유 없는 짜증을 부리기도 한다. 다시 고요를 찾으려면 따뜻한 차를 마시거나 조용한 음악을 들으며 한참 동안 마음을 진정시킨 다음에야 그것이 가능하다.

고요가 그리울 때는 산사를 찾는 것도 한 방법이다. 그곳에서는 표정만으로도 따뜻한 인사고 안부가 된다. 그것은 굳이 말로 하는 인사보다 더 따뜻할 수 있다는 것은 묵언을 익히다 보면 은연중에 알게 된다.

가끔은 텔레비전, 녹음기, 전화기 전원을 끄고 지낼 때가 있다. 고요가 그리울 때이다. 고요는 헛된 말, 거친 말, 거친 행동을 뉘우치고 돌아가야 할 고향 같은 것. 내가 쓰고 있는 수필도 소음이 될까 두려울 뿐이다.

북어

"이제 신랑과 신부는 검은 머리 파뿌리 될 때까지 인연을 함께하겠다고 하객 여러분 앞에 서약했습니다."

주례 선생은 축하객들을 향해 정중하게 혼인서약을 알렸다. 이어 주례사가 시작되고 사람들은 눈과 귀를 한곳에 모았다.

오늘은 고향 친구가 사위를 보는 날이다. 지금 내 나이가 자식 혼사를 치르는 연륜이 된 증표일까. 근래 들어 청첩장이 늘어나 예식장 출입이 부쩍 잦다. 이달만 다섯 손가락이 꽉 찬다. 전에는 가끔 있던 혼사 기별이 이제는 주말 행사가 되었다.

축하객으로 결혼식장을 찾을 때는 입성과 외모에 정성을 다하는 것이 혼주에 대한 예의를 갖추는 일이다. 친구가 자식을 건사하고 혼사를 치르는 일, 한 쌍의 청춘남녀가 부부 인연으로 출발하는 의식만큼 중요한 일도 없다.

서둘러 아침밥 상을 치우고 외출 준비를 서둘렀다. 내가 마치 오늘의 주인공이라도 된 것처럼 마음이 부산하다. 대부분 사람이 그렇겠지만, 일단 외출계획이 잡히면 먼저 입성에 신경을 쓰는 건 사실이다. 장롱 문을 열어 작년 이맘때 사서 살짝 걸쳤다가 넣어둔 쥐색 정장을 찜하고 머리 손질을 위해 동네 미용실을 찾았다.

손때가 묻어 반질반질한 출입문을 밀고 들어선 가게 안은 주인 대신 냉기가 먼저 달려와 안겼다. 인기척 없는 공간, 덩그러니 놓인 거울 앞 의자에 엉덩이를 반쯤 걸치고 앉았다. 정면 사각 거울 안을 통해 미끄러지듯이 눈 다림질을 마쳤다. 거울이 끝나는 오른쪽 구석 벽을 지키는 북어는 비쩍 마른 몸에 허연 실타래를 칭칭 감은 채 객을 맞이한다. 내가 첫 손님인 모양이다.

아까부터 눈길이 자꾸 북어에 간다. 박제된 몸이 애처롭게 보인다. 초점도 의미도 없는 눈에 커다란 입을 까짓것 벌렸건만 말을 잊은 지 오래다. 마치 나를 닮은 것 같아 마른침을 삼킨다.

주인은 잠시 전화를 받던 중이었다며 입속말로 구시렁거리며 다가왔다. 다짜고짜 양손으로 부지런히 머리를 만지더니 "결혼식 가는 머리지요."라는 말만 바위 던지듯 했다. 주말 오전에 찾은 중늙은이의 머리 주문은 들으나 마나 '예식장용'이 뻔한 모양이었다. 말투로 봐서 그녀 역시 사는 일이 그다지 유쾌하지만은 않아 보였다. 결혼 생활이 동해안 푸른 바다를 신명나게 유영하는 명태이기보다 한평생 죽어지내는 북어 쪽일지도 몰랐다.

엊그제가 결혼 38주년이었다. 서울 아들네가 보낸 축하 케이크가 배달되었지만, 베란다에서 가부좌를 틀게 했다. 예전에는 그리도 좋아하던 케이크가 주인의 변심으로 푸대접을 받는 것이다. 예순의 나이는 입맛까지 변해 가는가. 혀는 달콤한 것을 밀어내는 대신 자연에서 온 채소류나 토속 먹거리에 손이 가는 것은 어쩔 수 없는 현상이다. 나이 탓일 것이다.

내 나이 예순은 주례를 하며 살고 싶었다. 청춘남녀가 부부로서 첫 출발을 알리는 진중한 자리에 초대되어 그간 내가 살아온 경험을 진지하게 들려주는 멋진 주례사를 하고 싶었다. 바람 부는 세상이지만, 부부가 서로 믿고 따르며 정직과 검소를 몸소 보이고 실천한다면 그 끝은 달콤한 열매가 주렁주렁 열릴 것이라는 주례사를 떠올렸다. 주례사를 끝낸 내 등 뒤로 사람들은 감동 어린 박수를 보낼 것은 상상만으로도 행복했다.

하지만 삶은 마음먹은 대로 살아지지 않았다. "삶에 장애 없기를 바라지 마라."라고 한 '보왕삼매론'은 나를 피해 가지 않았다.

가야 할 때가 언제인지도 모르고 꽃 같은 나이에 홀연히 하늘정원으로 날아간 딸아이. 하루아침에 딸을 보내놓고 겪어야 했던 참척의 고통은 살아도 산 목숨이 아니었다. 존재의 핸들은 중심을 잃었고 세상과는 빗장을 걸었다.

육신은 만신창이가 되어 소리 없는 통곡의 연속이었다. 세상 앞에 더 이상 할 말을 잃었다. 북어처럼.

내게 남은 삶의 잔고가 얼마쯤인지 몰라도 해야 할 말이 있다면 앞으로는 글로써 대신할 것이다. 애초에 주례의 꿈은 무리였다. 이젠 자격을 상실했다.

주례는 본인은 물론, 주변과 가정에 별다른 결격사유가 없어야 하고 사회적으로 덕망이 높은 사람이라야 한다. 자신만의 분명한 철학으로 근면 · 성실하고 모범적인 삶을 몸소 실천한, 제대로 자격을 갖춘 사람이라는 한다. 나처럼 자식 하나 제대로 건사하지 못한 죄인이라면 어찌 말해 뭣할까.

세상이 잠든 늦은 밤이면 나를 찾는 딸아이를 만난다. 지난날 모녀의 인연으로 그렸던 그리움의 무늬를 원고지에 자분자분 적어 내려가느라 시간 가는 줄을 모른다. 하늘나라 이야기에는 눈가가 젖어 손을 멈추었다가 또다시 이어가는 이 작업. 옛 추억을 데려와 현재를 기록하는 일이 이처럼 의미 있고 감미로운 작업인 줄은 미처 몰랐다. 세상 사람에게 전하고 싶은 말은 글로써 대신하는 방법을 익혀간다.

"머리 손질 마쳤어요."

주인 여자의 말에 의자에서 몸을 일으켰다. 문을 나서는 내 등 뒤로 북어가 한마디 던졌다.

"너도 북어다……."

사월 예찬

계절의 시작은 단연 봄입니다. 대지는 어디를 가나 기화요초(琪花瑤草)요, 만화방창(萬化方暢)으로 어우러져 희망의 팡파르를 터뜨립니다. 눈이 부실 만치 새하얀 백목련, 고혹적인 여인의 기품 있는 자태를 빼닮은 자목련, 맑은 하늘 냄새를 풀어내는 핑크빛 진달래, 노랑 부리 합창단 개나리가 다투어 피고 집니다. 어쩌면 대지는 이다지도 오묘하고 조화로운 꽃물로 향기를 풀어내는지, 분분한 낙화를 그리는지, 눈도 가슴도 뭉클합니다.

사월에는 우주 만물의 호흡이 빨라 밭일을 제대로 시작할 때입니다. 나무들이 물을 길어 올리고, 흙 속에서는 무수한 씨앗들이 바깥세상으로 고개를 내밀어 수군거립니다. 하루하루 도타워지는 햇살이 파문을 일으켜 아지랑이로 피어오릅니다. 그러니 밭두렁이나 둔덕을 함부로 밟기가 조심스럽습니다.

동네를 벗어난 들판이나 빈터에는 퇴비를 내고 호미로 흙을 일구어 씨앗을 묻는 이가 흔합니다. 겨울을 견딘 마늘밭이나 양파밭, 보리밭을 어슬렁거리고 과일나무 곁가지를 손질하는 농부의 하루는 분주할 뿐입니다. 자연이나 사람이나 다 같이 활기를 되찾은 사월은 입 모양을 동그마니 하고서야 제대로 된 소리를 냅니다.

해마다 이맘때면 우리 동네에는 '궁(활)거랑(냇물) 벚꽃 축제'를 엽니다. 동네를 가로질러 활처럼 휘어진 실개천을 따라 양쪽으로 줄지어 선 벚꽃이 한창 벙글 때쯤 '궁거랑 벚꽃축제' 현수막이 골목 어귀마다 걸립니다. 행사를 치르는 주민센터는 힘이 들겠지만, 이웃 간의 잔치나 진배없으니 정성을 다합니다. 실개천을 따라 화르르 벚꽃 터널을 이루고 일제히 부드러운 바람을 끌어안고 흩날리는 풍광은 가관입니다. 사월은 동네 사람들 얼굴이 벚꽃처럼 환하게 핍니다.

축제에는 이런저런 볼거리나 먹을거리를 더합니다. 밤이면 온갖 동물 모양의 한지 등불이 켜지고 동네부녀회는 '파전'이나 '동동주', '잔치국수'를 준비하니 꽃구경 나온 이웃이 흥을 더하는 데는 그저 그만입니다. 벚나무 아래 자리를 깔고 삼삼오오 둘러앉아 정담을 건네며 꽃이 주는 부드러움과 여유에 취해 밤이 깊은 줄을 잊습니다.

꿀벌은 팝콘처럼 부풀어 오른 꽃잎 사이를 넘나들며 꿀과 꽃가루를 따느라 분주합니다. 사람들은 저마다 스마트폰을 내밀어 함박웃음을 담느라 정신이 하나도 없습니다. 그러다 자칫 옆 사람을 밟거나 내치는 실수를 했을 때도 그냥 마주 보고 씨익 웃어주기만 하면 그만입니다. '꽃실수'는 살가운 정이고 예쁜 짓인가 봅니다.

사월은 꽃입니다. 꽃 앞에 선 사람의 얼굴은 걱정이나 절망, 고민 따위는 끼어들 틈이 없습니다. 그저 환하게 미소 짓는 희망이 걸음걸이조차 흥이 납니다.

오늘 낮에는 노랑 유니폼을 입은 유치원생들이 단체로 축제장을 찾았습니다. 선생님의 호각소리에 맞추어 쪼르르 병아리 떼로 뒤따르는 것이 색다른 구경거리입니다. 화르르 타오르는 꽃길을 따라 사람들이 이루는 원색 물결을 바라보고 있으면, '여기가 신선이구나.', '천국이 이렇겠거니.' 하는 생각을 합니다.

바람에 나부끼는 가장귀를 그러안고 잠시 생각에 젖습니다. 긴 겨울을 묵묵히 이겨내고 이제 가지마다 아름다운 꽃을 피워 내는 것이 우리네 삶과 매한가지입니다.

지난날 내 인생 여정에는 수월찮은 비바람과 한파를 겪어야 했습니다. 난데없는 우박세례에는 오랜 시간 그렁그렁 눈물을 지었습니다. 그러나 그치지 않는 비가 없듯이 이제 그 고통은 견딜 만큼의 부드러움으로 변해 사월을 마중합니다. 힘든 겨울을 지내고서야 사월이 주는 고마움을 더 실감할 수 있는지도 모를 일입니다.

겨울 다음에 피우는 것은 다 꽃입니다. 꽃과 새순이 봄이 되어 피어나듯, 우리네 삶도 그러하겠지요. 꽃 피는 봄이면 누구라도 한 아름의 희망과 여유를 마주할 때라고 생각합니다.

온갖 꽃들이 피고 져서 더 행복한 사월입니다. 행복은 작은 것 속에 숨어 있어서 큰 야망에 찬 사람에게는 보이지 않는다고 합니다. 소소한 일상에 의미를 주며 길섶에 핀 야생화 한 송이에도 사랑으로 쓰다듬을 때 행복은 손을 내민다고 합니다.

나는 사월이 참 좋습니다. 이 기운이면 남은 달력쯤이야 거뜬히 사랑으로 지킬 수가 있겠습니다. 꽃 문이 원없이 열리고 수시로 들락거리는 내 놀이터 텃밭에서는 흙을 실컷 만질 수가 있습니다. 부지런히 토양을 가꾸어 놓고 마음에 드는 씨앗과 모종을 골라 묻는 자유와 희망의 호미질을 쉬지 않겠습니다. 가는 곳마다 꽃물 냄새, 우윳빛 바람이 나풀나풀 코끝을 간질이는 사월이 좋습니다.

호미질

종일, 명주실 같은 봄비가 내린다. '입춘'이 지나서 그런지 빗속에서 쌉싸래한 새순 냄새가 난다. 사분사분 대지를 적시는 빗소리가 봄을 부르는 주문 같아 귀를 열어두고 있으면 마음이 그렇게 편안할 수가 없다. 이번 비가 그치고 나면 남풍은 사방으로 연두색 물감을 뿌릴 것이다. 그러면 나는 근처 텃밭으로 나가 호미질을 시작할 것이다.

새해다 했는데, 그새 달력 두 장을 뗀다. 해가 더할수록 온몸으로 '휘휘' 세월 가는 소리를 듣는다. 나이 한 살이 올라붙어 중늙은이가 된 것을 아는 순간, 마음이 움찔한다. 이제 남의 이야기가 귀에 거슬리지 않고 분별력을 잃지 않는 연륜의 단계가 된 것이다. 버릴 것은 버리고 내려놓을 것이 있으면 내려놓는 마음의 여유를 찾을 일이다. 무리하게 욕심을 고집한다거나, 남 앞에 나설 때나 그러지 말아야 할 때를 분간하지 못하는 실수는 범하지 않으련다. 그렇지 못한다면 보는 이로 하여금 볼썽사나운 늙은이로 비치기에 십상일 테다.

세상을 보는 눈도 달라져야 한다. '남들은 저리 이룬 것이 많은데, 저리 잘사는데.' 하는 식으로 남의 삶을 기웃거리거나 부러워할 때는 지났다. 지금 지닌 것만으로 감사할 일이다. 겉보기에는 나보다 훨씬 가진 것이 많고 잘사는 것처럼 보이는 이도 그 안을 들여다보면 남모를 근심이나 걱정 하나쯤은 다 지니고 살아간다는 것이다. 잘난 사람과 못난 사람, 더 가졌거나 덜 가졌거나, 모두가 고만고만한 삶이다. 누구든 늙고, 병들고, 걱정하고, 일하다가 어느 날 그 인연이 다하면 물 흐르듯 이승의 강을 건너 하늘의 별로 돌아간다는 것을….

몇 해 전 일은 여전히 내 머릿속을 지킨다. 온 나라가 초상집으로 지냈던 '세월호 사건'이다. 끔찍한 대형사고의 원인은 '청해진 해운'의 선주였던 유병언 씨가 부린 무리한 욕심에서 비롯된 것으로 결론이 났다. 어른들의 무리한 욕심이 빚어낸 참극이었다. 결국 '유씨'는 죽음을 선택했고, 그 화면을 지켜본 우리는 진정 '어떻게 살아야 하는가.'라는 삶의 화두 하나를 선명하게 새겼다.

나중에 밝혀낸 유병언 씨의 부는 부정과 부조리로 축적한 재물이었다. 그런 돈으로 좋은 것은 골라가며 먹었을 것이고, 명품으로 온 몸뚱이를 치장하며 지냈을 이였다. 그렇게 귀하게 다루던 몸이었지만, 종말은 인적이 드문 야산 근처 매실밭 풀숲에서 쓸쓸히 버려진 채 썩어가는 것을 우리는 화면으로 지켜봤다. 지금도 그때 장면을 떠올리면 허망하기 그지없다.

'설니홍조(雪泥鴻爪)'라는 소동파 시구가 있다. 뜻인즉, 눈 위에 발자국을 새기며 걸어가던 기러기가 제 발자국이 그대로 남겨졌으리라 뒤돌아보지만, 눈이 녹는 바람에 아무런 흔적을 찾을 수 없다는 뜻이다. 허망한 우리네 삶을 비유한 말이다.

이 시구가 어쩌면 요즈음의 나를 두고 한 말 같아 씁쓸하다. 누구나 다 하는 자식 낳고 키워 결혼시킨 일이며, 내 몸 담을 집 한 칸 마련하느라 코에 단내가 났다. 내 능력을 보일 수 있는 것은 손에 든 삶이란 호미, 나는 그것을 들고 온 힘으로 후비적후비적 삶이란 호미질에 젖어 지냈다. 내게 주어진 숙제, 호미질만 얼추 마치면 세상 무슨 큰 영화라도 누릴 줄 알았는데 그렇지 않았다. 그 호미질은 무한했다.

어느 한때는 그 호밋자루마저 영원히 던지고 싶을 정도로 삶이 우울했었다. 다 키운 딸아이를 하늘의 별로 보내 놓고 세상을 등지고 싶었다. 숨만 쉰다고 다 산 목숨이 아니었다. 날마다 하늘정원만 쳐다보고 지냈다. 그때, 다행히 '문학'이란 병원을 찾게 되었다. 거기에서 훌륭한 의사로부터 처방전을 받아 지키며 따르게 된 것은 운명이었다. 정신을 추슬러, 참고 버티며 한발 두발 사람들 속으로 걸어 들어가졌다.

우리가 한평생 아등바등 살아가는 일은 잠시 눈 위에 그린 기러기 발자국에 불과한 것이다. 잘나고 돈 많은 사람, 지위와 명예를 다 가진이라 할지라도 한때일 뿐이다. 젊은 피가 펄펄 끓던 삼, 사십대 때에는 몰랐지만, 지금 되돌아보면 무작정 아등바등하는 것이 능사가 아님을 안다. 지칠 줄 모르는 삶이란 호미질도 좋지만, 나름의 쉼표를 찍을 줄 아는 지혜가 필요하다는 걸 그땐 몰랐다.

꽃 피는 봄과 잎 무성한 여름, 스산한 가을과 얼음 어는 겨울을 무지로 스쳐 지나쳤다. 봄날, 보리밭 고랑 사이로 간들거리는 바람이 전하는 풋풋한 언어를 들을 수 있을 때 삶은 훨씬 행복, 충만하다는 것을 왜 몰랐을까.

봄비가 촉촉하게 스며든 대지는 포실포실 떡고물 같아서 호미질하기에 안성맞춤이다. 흙을 헤집고 나올 가는 연둣빛이 '달그락' 내 호미질 소리에 놀라 '톡' 두 장 떡잎으로 피어날 것에 가슴이 콩닥거린다.

호미질은 내가 살아 있다는 몸짓이자 삶을 대신하고 봄을 부르는 언어이기도 하다. 봄을 기다린다. 호미질이 그립다.

세월호

어둠이 싫었어요
침묵이 두려웠어요
문이 천장에 매달려 있었어요
아무도 그 문을 열 수가 없었어요
바다가 지옥으로 변했어요

천상에서 어른들이 말을 했어요
여기가 제주도 수학여행 이라고….
살며시 내려다본 아래세상
바다는 시퍼렇게 멍들고
끼룩끼룩 갈매기만 울며 날아요

주전골 돌이 말을 한다

돌이 말을 한다고 생각해 본 적이 있는가. 설악산 대청봉을 중심으로 서쪽 내설악 주전골은 산세가 빼어나다. 골짜기의 환한 돌과 옥빛 선녀탕과 용소폭포 앞에서는 절로 탄성이 나온다. 삼복더위에도 한기가 도는 골짜기, 다섯 가지 물맛이 난다는 오색약수는 모르는 이가 드물 것이다.

여름 한 철은 여기만 한 곳도 없을 성싶다. 병풍처럼 둘러쳐진 골짜기의 바위에 앉아 가만히 돌을 마주하고 물소리에 귀를 적시고 있을라치면 망부석으로 한나절은 쉬 보낸다. 여름이면 찾게 되는 이곳을 올여름에는 여고 시절 친구들과 함께했다.

지천명이 저물어가는 친구들은 달리 말은 없어도 서로의 가정사를 훤히 들여다보듯 지낸다. 남편을 거들어 자동차 수리업을 천직으로 알고 하는 잠선이, 교육자 집안이라 그런지 자식 교육이 참한 순희, 부부가 부동산업을 용케도 잘하는 향숙이, 이웃에게 '감동을 주는 여자'로 살기를 권하는 금슬 이는 부부 금실 또한 최고다. 저마다 자식 건사하랴, 가정사 챙기랴, 탈 없이 살아가는 친구들이 문득문득 자랑스럽다. 오래도록 건강한 웃음을 나누며 살아가기를 소원한다.

골짜기에 들어서면 제일 먼저 돌들이 하나같이 환하게 반긴다. 마치 분단장한 얼굴처럼 한결같이 표정이 밝고 곱다. 돌 틈으로 흘러내리는 물은 에메랄드빛으로 마치 보석이 구르는 것 같다. 돌에 대한 전문적인 식견은 없지만, 이곳 돌을 유심히 볼라치면 마치 살아서 말을 하는 것 같다. 온갖 풍상을 겪고도 흔들림 없이 자리를 지키는 여인 같은 돌, 간청해 오는 이의 심경에 따라 근엄하게 설법을 들려주는 부처님 같은 돌이다.

어찌 그뿐이랴. 마음 밭이 넓어서 누구라도 쉬어가라고 길가에 자리를 내주는 마당 돌, 거센 물줄기를 온몸으로 감당하는 변강쇠 돌, 올망졸망 모여앉아 맑은 물을 만들어 내는 귀염둥이 아기 돌이다.

돌이 말을 한다.

"여사님들, 반갑소. 그간 수고들 많았소. 여기까지 찾아왔으니 잘 쉬었다 가시오."

나는 그중 부처님처럼 생긴 돌 앞에서 말을 건넨다.

'지난 시간은 힘들었습니다. 천국의 딸아이는 잘 있는지….'

잠시 침묵을 지키던 돌이 천천히 입을 열었다.

"염려하지 마라. 구름 한 점 모여 인연이 되고, 그 구름 흩어지면 죽음인 것을…. 세상 모두는 다 한때일 뿐, 영원한 것이 어디 있으랴. 너나없이 가야 하는 그곳이 아니던가."라는 말에 두 손을 모은다.

용소폭포에 도착했을 때 순식간에 산그늘이 검은 보자기를 덮었다. 하산을 서둘러야 했다. 검은 얼굴의 돌은 듬직하게 우리를 지키며 밤길은 걸음을 조심해야 한다고 타일렀다. 하산을 재촉하는 친구들이 애써 스마트 폰 불빛을 아래위로 비추며 골짜기를 내려왔다.

"어머, 저 달 좀 봐!"

앞서가던 정옥이가 손가락으로 하늘을 가르쳤다. 우리는 약속이나 한 듯이 올려다보며 목소리를 높였다. 산꼭대기 위 하늘에는 처녀 가슴처럼 통통한 열사흘 달이 우리 쪽을 향해 환하게 비추었다. 모퉁이를 돌 때마다 숨바꼭질을 하며 따라오는 달 친구가 길잡이를 대신했다.

돌이 껄껄 웃는다. 어둠을 두려워하지 않는 간 큰 여자라고 한다. 나이만큼이나 지혜롭게 익어가는 친구들, 서로 버팀목이 되고 힘든 일 앞에서도 흔들림 없이 돌처럼 든든하게 존재하는 친구들이다.

딸아이를 하늘정원으로 보내고 험한 세상이, 참척의 고통이 어떤 건지를 알았다. 자식을 앞세운 어미는 살아도 산 목숨이 아니었다. 오직 내 등뼈에 의지하고 버티기가 그대로 죽음이었다. 내게 남은 삶의 잔고가 얼마쯤인지 몰라도 하늘정원으로 가는 날까지 딸을 그리워하며 지내게 될 것이다.

부질없는 욕심이나 이기심 때문에 버리지 않고 용서하지 못하는 어리석음은 없으리라. 세상 사람들은 생존을 위해 위선의 탈과 천사의 탈을 수시로 바꾸며 살아가기도 한다. 나도 한때는 그들 틈에서 지냈었다. 어쩌면 돌은 그런 나를 가소롭게 보았을 것이다.

우리는 산꼭대기에 걸린 달을 의지하고, 서로의 숨소리에 기대어 골짜기를 내려왔다. 오색약수터에서 조롱박에다 약수를 담았다. 조롱박에 오늘 밤 길잡이가 되었던 달이 떴다. 서로의 가슴마다 달을 나누어 마셨다.

숙소에 도착한 친구들이 모처럼의 여행이 피곤했던지 어느새 꿈나라로 갔다. 가슴에 들어간 달을 머금고 잠든 얼굴이 돌처럼 잘생겼다. 천장에서 금슬이돌, 순희돌, 정옥이돌, 향숙이돌, 보현이돌이 번갈아가며 환하게 웃고 있다. 창밖에는 열사흘 달 친구가 방 앞을 한참이나 기웃거렸다.

추사에게 길을 묻다

가방을 쌌다. 아직 바깥세상은 잠에서 덜 깬 신 새벽이다. 여명은 조금씩 동쪽 하늘을 밀어 올려 여백을 늘이고 있다. 비행기 시간에 맞춰 공항까지 갈려면 일찌감치 서둘러야 한다. 새해 벽두부터 달력에다 붉은색 펜으로 동그라미를 쌍으로 그려 목을 빼고 기다려온 오늘이다.

문학회에서 제주도로 봄 기행을 가는 날이다. 그간 몇 번 다녀오긴 했지만, 이번은 또 다른 의미다. 사물을 바라보는 생각이 비슷한 문인들과 같이하는 여행은, 나름의 목적이 있었다.

그것은 서귀포시 대정리에 있는 '추사관'을 찾는다는 설렘이었다. 문인화의 최고봉 '세한도'나 추사 선생의 독특한 '추사체'를 탄생시킨 선비의 삶과 학문, 예술세계를 직접 본다는 것에 가슴이 설렜다.

우리 집 거실 벽 중앙에는 추사 선생의 「세한도」 액자가 보란듯이 걸렸다. 이태 전, 경주 큰시숙님이 구해오신 귀한 선물이다. 한때 문인화의 매력에 빠져 지내던 제수씨가 생각났다며 어렵게 손에 넣고 선걸음에 달려와 주신 시숙님이시다. 「세한도」를 대할 때면 혈육이 주는 속정까지 오롯이 느낀다.

「세한도」는 추사가 제주도 유배 시절 제자 이상적에게 선물로 건넸던 문인화이다. 당시 중국을 드나들었던 이상적은 어렵게 구한 서적을 스승에게 수시로 보내왔고, 그것이 추사의 외로운 유배 생활에 크게 위로가 되었다고 한다. 그런 한결같은 제자의 마음 씀에 감복한 추사는 송백의 푸름에 비유한 나무 네 그루, 집 한 채, 그 나머지는 모두 여백으로 처리한 「세한도」를 그려 자신의 쓸쓸한 유배지에서 겪어야 했던 삶과 처지를 간접적으로 표현했다.

문명의 이기는 금세 나를 '추사기념관' 앞으로 데려다 놓았다. 「세한도」를 모티브로 구상한 지하 2층, 지상 1층의 현대식 건축물 앞에서 정중한 돌하르방의 환영 인사를 받았다. 지하 전시실 입구로 가는 통유리 앞에서는 잠시 옷매무새를 고친 다음 발을 안으로 들였다. 왠지 대선비를 대하면서 기본 예의를 갖추어야 한다는 마음에 잠시 고개를 숙였다.

추사는 9년여를 이곳 서귀포 대정리에서 묶여 지냈다. 처음 유배 당시는 포졸의 집에서 잠시 머물다가 후에 제주의 만석꾼이던 강도순의 집(현재 추사관 자리)에서 거처를 결정했다. 탱자나무 울타리로 둘러싼 한정된 공간에 안거리, 모거리, 밖거리를 두고 동선에 제한을 받았다. 울타리 밖으로 나갈 수 없는 위리안치* 형을 살면서도 늘 손에서 붓을 들고 깨어 지냈다. 일념으로 학문과 예술을 갈고 닦는 것은 물론이고 문하생을 두었던 선생은 벼루 열 개를 구멍 내고 붓 천 자루를 닳아 없앨 정도의 고독한

정진 다음에 '추사체'를 완성했다고 한다. 결코, 예술의 세계는 쉽게 얻을 수 없음에 고개를 끄덕였다.

우리는 흔히 '유배'라면, 한번 가면 언제 다시 돌아올지 모르는 절망적인 형벌로만 여긴다. 하나, 무조건 그렇지만은 않다. 추사의 유작이 그렇듯, 다산 선생은 사상적으로나 인간적으로 가장 무르익을 중년의 나이에 18년간을 유배로 지내면서 『목민심서』, 『흠흠신서』 등 500여 권의 방대한 저술을 집대성했다. 서포 선생은 남해 노도에 갇혀 지내는 동안 『구운몽』과 『사씨남정기』, 『서포만필』 같은 우리 문학의 뿌리를 이루는 대작을 남기지 않았던가.

당시 그들에게 죄를 씌워 유배를 보낸 지배계층은 오늘날 그 존재마저 사라져 버렸다. 반면, 귀양살이 중에도 꿋꿋하게 자신을 갉고 닦은 선비는 여태 숨을 쉬면서 후손들 앞에 당당하게 존재하고 있으니 진정한 예술혼은 시공을 넘나든다고 하겠다.

명작은 고통에서 나온다고 했던가. 지혜롭게 깨어 있는 이는 어떤 어려운 상황에서도 본인의 인생을 꽃피우지만, 반대로 그것을 핑계로 낙오자가 되는 것이 삶의 과정이리라.

추사 선생이 학문에 몰입했던 그 심오한 경지를 본받고 싶다. 글 마당에 발을 담근 지 수해가 되어가지만, 여태 그렇다 할 작품 한 편 없으니 선생 앞에 서기가 부끄럽다. 아직도 원고지를 펼칠 때면 막다른 벼랑 끝에선 듯 막막해서 붓방아만 찧기 일쑤다.

「세한도」가 문인화 이념의 최고 정수이듯, '추사체'가 추사만의 독특한 서체이듯, 나만의 개성이 묻어나는 명수필 한 편 남긴 수필가는 요원한 걸까. 읽을수록 영혼에 맑은 물이 흐르고 울림과 감동이 행간마다 배어나는 그런 글을 쓰고 싶다.

평소 서제에서는 책을 읽거나 한글 자판을 두드린다. 그런데 습관처럼 인터넷 카페를 드나들면서 득도 없는 낯선 이의 블로그를 기웃거리느라 시간을 지울 때가 잦다. 이러니 남들 눈에는 건들건들 컴퓨터 앞에서 호사를 누리는 것처럼 비칠지 모를 일이지만, 절대 그렇지 않다. 머릿속은 늘 밀린 숙제를 안고 사는 학생이다. 물속에서도 목이 마른 물고기처럼 이다. 글 한 편 쓰기가 어디 보통 일인

가. 내 이런 습관은 산문이기에 다행이지 소설 장르였다면 어림도 없는 일이다.

추사 선생에게 제주는 '풍요로운 감옥'이 되고, 섬은 정으로 선비를 감쌌다. 비록 그는 가고 없지만, 봄이면 여전히 탱자나무 울타리는 푸른 물을 길어 올리고 노란 열매를 달아가며 선비의 빈자리를 고스란히 맑은 향기로 풀어낸다. 선비가 좋아했던 샛노란 수선화는 겨울 삼동부터 봄철 내내 돌담길을 따라 무리 지어 피고 진다. 담 너머 밭에는 금빛 감귤이 가장귀마다 풍년을 드리운다.

섬을 박차고 비상한 비행기는 어느새 울산 하늘을 날고 있다. 대지는 먹물을 들어부은 듯하지만, 해안을 낀 공단의 불빛은 대낮처럼 환하다. 시가지를 가로질러 흐르는 반딧불이 자동차는 꼬리에 꼬리를 물고 은하수를 이룬다. 누구나 죽게 되지만, 아무도 죽지 않을 것처럼 끝없이 이어지는 저 행렬들…. 도시는 마치 크리스털 조각을 흩뿌린 듯이나 반짝반짝 깨어있다. '깨어 있어야 살아 있는 것이다.'라는 무언의 교훈이 있는 현실로 나 또한 한 점 빛으로 돌아가고 있다.

현관문을 열고 들어섰다. 저만치 벽에 걸린「세한도」액자에 한참이나 눈길을 준다.

* 한정된 공간을 탱자나무 가시 울타리로 둘러쳐 놓고 동선을 제한하는 형벌.

인도 하늘을 날다

지금 나는 우주를 날고 있다. 우주에 매달린 모든 형체는 먼지에 불과하다는 걸 실감한다. 그런 먼지가 먼지 끼리 미워하고 시기하고 질투하면서 안간힘을 다해 산다는 것은 슬픈 일이다. 이기적인 이고 부와 명예를 얻으려고 발버둥 치는 한심한 먼지들…….

내가 탄 비행기가 반딧불만 한 빛으로 먼먼 우주를 날고 있다는 생각에는 오금이 저렸다. '우주에서는 티끌 같은 존재인 내가 이대로 사라진대도 세상은 아무렇지 않은, 한 점의 먼지.'이라는 방정맞은 생각에는 불안함이 엄습해와 그때마다 애써 잠을 청했다.

인도 뭄바이까지는 9시간이 더 걸린다. 오래 무릎을 기역으로 꺾고 안전띠에 몸을 맨 자세는 고문에 가까웠다. 위가 허기를 호소해도 기내식은 밀어냈다. 인도식 '라이스 치킨'인지 뭔지는 당장 배가 고파 죽을 지경 아니면 넘어가지 않았다. '후' 불면 날아갈 것 같은 허연 밥알, 물컹한 닭고기 살 두어 점, 코처럼 걸쭉한 수프에서 풍기는 이상한 향신료 냄새는 보기만 해도 속이 울렁거렸다. 건너편에서 조금이라도 먹어 두라는 식으로 남편이 눈짓을했지만, 손사래를 쳤다. 오장 육보가 토종 국산인데 외국 사료를 속이 반길 리 만무했다. 짭짤한 장아찌 생각이 절로 났다.

시간은 더디 갔다. 아직 뭄바이까지는 시간상 한나절 이상 걸린다. 슬슬 무릎 관절이 아려오고 허리가 배배 꼬이면서 몸이 적당한 대우를 해 달라고 농성이었다. '결코, 부처 허리가 아니올시다.'라고 짜증을 부리는 허리 쪽이

제일 먼저 한계를 호소했다. 양말 신은 발을 기내 바닥에 다 내리치면서 고성을 내서라도 자유를 외치고 싶은 충동이 인다. 인내심의 한계에 부딪혀 내가 나를 감당하기조차 버거웠다.

코가 고구마만 하게 생긴 옆자리 외국인에게 말 대신 손짓, 눈짓을 다해 도움을 청해 통로로 걸어나가는데 성공했다. 허리를 자유롭게 움직이기, 두 다리를 마음대로 딛고서기, 늘 하던 자세가 이리도 시원하고 기분 좋은 것임을 처음 알았다. 사람들 눈을 피해 찾아간 구석 자리에서 일단 개다리 춤으로 몸을 풀었다. 마음대로 몸을 움직일 수 있는 것만큼 큰 자유는 없었다.

다시 안경 유리를 맑게 닦고 기내를 휙 둘러본다. 모든 사람이 체크무늬 수면 담요를 덮은 채 죽은 듯 잠을 청하고 있다. 잠자는 모습, 눈을 지그시 감은 채 명상하듯 고요를 지키는 사람들이 평화스러움을 지나 존경스럽기까지 했다. 인내심이 대단한 사람들, 그들이 부처요 내 스승이었다.

람보처럼 목소리를 깔고 흘러나오는 기내방송에서 드디

어 뭄바이를 알린다. 가슴이 방망이질이다. 빼근한 목덜미를 비틀어 창에다 대고 눈을 저만치 아래로 던졌다. 마치 크리스털을 갈아 흩뿌린 듯이 반짝반짝 무수한 환영의 인사말을 보내오고 있는 이 도시. 비행기는 조금씩 높이를 낮추며 착륙을 알린다. 여기는 머나먼 인도 뭄바이다.

화장실 이야기

새벽, 뭄바이공항에서 우리 일행을 반갑게 맞은 남자는 '라지브 싱'이라고 하는 현지 가이드였다. 이번 성지순례 기간 내내 길 안내를 해줄 그는 우리말이 유창하지는 않아도 불편할 정도는 아니었다. 피부색이 가무잡잡하고 이목구비는 또렷했다. 덤덤한 체구에 유난히 검고 수북한 콧수염과 눈썹을 세트로 달아서인지 후덕해 보였다.

걸치고 있는 의복은 말쑥하지 못했다. 추레한 청바지에

땟물 밴 갈색 콤비가 그렇고, 맨발에 낡은 샌들을 질질 끌었으니 사치와는 거리가 멀어 보였다. '싱'은 아내가 수도 델리에서 아들과 함께 살고 있다고 했지만, 내 눈에는 영락없는 홀아비 꼴이었다. 가뭄에 콩 나듯 아내를 찾아선지 머리부터 발끝까지 꼬질꼬질했다.

'싱'의 신분은 바이샤(평민)로 젊어서 대학과정을 마쳤으며 수해 전 서울 연세대학교에서 한국어를 공부했단다. 알수록 어려운 한국말 중에 '죽다, 영면에 들다, 사망하다, 돌아가시다, 뒈졌다.' 같은 언어표현에는 허기가 다 날 정도란다. 말과 표현이 서툴지만, 잘 봐달라는 인사는 찹쌀떡처럼 말랑말랑하고 찰졌다. 유들유들한 '싱'의 넉살에 간만에 일행은 볼살이 얼얼하도록 한바탕 웃었다.

암흑의 새벽 공기는 우리나라 늦가을 날씨만큼이나 서늘했다. 아직, 잠에 취한 가옥들이 자욱한 안개 이불을 덮어쓴 채 기척 없이 엎드렸다. 아시아에서 제일 먼저 서구문명을 받아들인 나라 도심 공항치고 어설프기 짝이 없다. 잠시 궁둥이를 붙일 만한 의자나 편의시설조차 없다. 화장실을 다녀온 몇몇 사람들은 고개를 절레절레 흔들어 불편함을 호소했다. 이런 뭄바이가 금융과 상업의 중심 도시라니…. 우리를 태운 버스는 공항을 벗어나 우툴두툴한 비포장 길을 온 힘으로 달렸다.

버스는 새벽 미명을 더듬어 '와싱체인지' 호텔 앞에서 멈췄다. 허름한 동네 한중간쯤 되는 곳에 자리 잡은 3층짜리 건물이다. 차례로 짐을 끌거나 어깨에 메고 건물 안으로 들어서는 도반들은 피곤함에 젖어서인지, 인상이 말라빠진 피자 조각처럼 푸석하다.

입구에서 호텔 경비원으로 보이는 두 남자는 우리를 외줄로 세워놓고 일일이 검색용 스틱으로 몸 구석구석을 저희들 맘대로 갖다 댔다. 피곤한 나머지 일행은 무덤덤하게 몸을 맡기고 '당신 맘대로 하소.'라는 식이었다. 가방과 소지품에도 일일이 X레이 검색기를 집어넣는 데는 '간첩이나 도둑 취급하나?'싶어 기분이 떨떠름했지만, 애써 마음을 눌렀다. '로마에 가면 로마법'을 따라야 한다는 것쯤은 알아야 하지 않은가.

그런데 아까부터 배 속이 살살 아파졌다. 목구멍으로 넘긴 거라고는 기내식으로 나온 빵 조각과 얄궂은 튀김 한

점뿐인데, 어찌 속에서 '뽀글뽀글' 단팥죽 끓는 소리가 자꾸 났다. 방귀 잦으면 똥 사는 법이라 실실 뒤가 마려울 때마다 두 손을 갈마쥐었다.

세상에 원초적인 배설 본능을 당할 장사는 없다. 안절부절못한 내 눈빛을 귀신같이 알아챈 이는 '싱'이었다. 그는 방 배정을 서둘러 마치고 내 방 열쇠를 급히 손에 쥐어줬다. 눈치 백단인 '싱'이었다.

아, 얼마나 급했던가. 나는 육상선수가 릴레이 때 배턴을 받는 시늉으로 열쇠를 받아 쥐고 206호실을 향해 뛰었다. 마침내 화장실을 만나자 '만세'를 외쳤다.

원초적 배설 본능 앞에는 체면이고 뭐고 다 필요없다. 제아무리 명성 높은 양반, 절세미인 양귀비도 본능에는 도리가 없는 법. 하수구가 막히면 몸이 주리를 틀고 끝내 이성을 잃고 마는 지경의 경지를 한 번쯤은 다 경험했으리라. 그때의 고통스러움은 대번에 얼굴을 쭈그렁 망태기로 만들어 놓지 않던가. 그래서 '진정한 화장술'이란, 실로 화장실에서 나온다. 어떤 화장술도 이것이 해결되지 않으면 말짱 도루묵이다. 근심 덩어리를 한방에 비우고 나면 몸과 마음은 저절로 한 마리의 나비가 되는 것을.

보통 사찰에서는 화장실을 '해우소'라고 한다. 그곳은 근심을 비우고 맑은 영혼으로 돌아가는 장소라는 뜻이리라. 참 어원이 고운 우리말이다. 요즈음도 나는 음식점이나 사찰에서 '해우소' 앞에서는 그때를 떠올리며 피식 웃음을 흘린다.

한 나라의 문화 수준은 화장실을 보면 알 수 있다고 했다. 한 가정에도 안주인의 야문 손길은 화장실에서 알 수 있는 것은 맞는 말일 성싶다.

다행히 호텔 206호 화장실은 그다지 허술하지 않다. 수건이 두 장이나 가지런히 얹혔고 비누와 치약, 세정제로 보이는 푸른색 플라스틱 용기까지 세면대 옆에 준비되었다. 이제 나는 용변을 본 뒤를 청결하게 마무리해야겠다. 헉, 그런데 사방을 둘러봐도 화장지가 없지 않은가. 마음이 급해졌다. 이럴 땐 어떻게 하지?

나에게로 떠난 여행

호텔 화장실에 앉아 시원하게 볼일을 다 봤다. 근심을 비우니 정신이 금세 반짝거렸다. 맑은 정신에 안도감까지 더해져 평화가 찾아들었다. 하나, 사방을 살펴도 휴지가 없지 않은가. 난감하기 짝이 없다. 보이는 거라고는 변기 옆 벽에 얌전하게 걸어둔 작은 호스(분사기)뿐이다. 뒤처리용으로 쓰는 도구임이 분명했다.

우리나라 비데 기능을 수동으로 직접 한다 치면 그럴

법했다. 막상 내 손으로 뒤처리하는 것이 불결하고 어색하지만, 달리 방법이 없지 않은가. 우주를 오염시키는 쓰레기를 줄이는 방법이라 여기면 그럴 법했다. 나중에 안 일인데, 두루마리 화장지는 안방 침대 머리맡에서나 볼 수 있었다.

이왕 말이 나왔으니 말인데, 인도에서는 길에서 공용화장실을 만나기란, 심마니가 심심산골을 헤치고 헤치며 산삼을 찾는 일만치나 힘들고 귀했다. 그럴 바엔 차라리 전 국토가 노천화장실이라고 보는 쪽이 훨씬 편하다. '싱(가이드)'의 말에 의하면 브라만, 크샤트리아 같은 특수계급 말고는 집에 화장실이란 아예 없단다. 그도 그럴 것이 천민은 움막이나 마구간 수준으로 길거리천막 생활이니 볼일은 들판 아무데서나 제멋대로 해결이 당연하다. 자연스러운 뒤처리는 국토를 더 기름지게 한다고, '싱'은 실실 웃음을 쪼개며 설명 조였다.

길을 가다 보면 한 손에 고만고만한 물통을 들고 다니는 이를 흔하게 본다. 그들은 대게 뒷일을 해결하러 가는 중이라고 보면 틀림없다. 되도록 으슥한 장소를 찾지만, 들판 가운데나 나무 뒤에서 자연인(개폼) 모습으로 일을 본 후 들고 간 물로 뒷마무리한다. 그때 왼손이 수습용이고, 오른손은 평상시 입에 음식을 나르는 용도의 신성한 손이다. 지금, 글을 적고 있는 순간 또 속이 막 메스꺼워지려고 한다. 이제 화장실 이야기는 그만해야겠다.

오늘은 '엘로라' 대형 석굴로 간다. 뭄바이 역에서 오랑가바들 역까지 기차로 7시간쯤 걸린다고 한다. 조식은 호텔식당에서 주는 빵 조각과 차파티(밀가루로 구운 떡)로 대충 때우고 나왔다. 마당에는 우리 일행을 뭄바이 역까지 싣고 갈 대형버스가 일찌감치 대기하고 있다. 사람으로 치면 나만큼이나 늙수그레한 중고버스지만, 덩치가 황소만 하니 듬직하고 미덥다.

버스를 가운데 두고 사람들이 왁자하다. 이른 아침부터 여남은 명의 거지들이 모여들어 도저히 알아들을 수 없는 얄궂은 언어 탁구를 날리고 있다. 내가 다가가자 일제히 '달라, 루피'를 외치며 두 손을 턱밑까지 내밀었다. 조가비만 하거나 대접만 한 손도 손이지만, 그들의 눈빛이 어쩜 하나같이 그렇게 맑고 투명하던지…. 패각이 기어 다

닐 만치 꼬질한 얼굴이나 옷가지는 물을 만난 지 오래건만, 눈빛만큼은 더없이 맑고 선해 보였다. 하긴, 아무라도 영혼이 편안하고 평화로우면 저절로 마음의 창은 빛나는 법, 그에 비하면 차창에 비친 내 얼굴은 부끄럽기만 하다.

내가 남 앞에서 진정으로 부끄러울 때가 언제이던가. 결코, 가진 것이 많다거나 직위며 명성이 높은 사람을 만났을 때가 아니었다. 덜 가졌으면서도 진정한 행복과 평화를 추구하는 삶을 사는 이와 마주할 때였다. 우리는 덜 가져서 불행한 것이 아니고, 더 가졌다고 행복한 삶을 누린다는 보장도 없다. 행, 불행은 '자족' 즉, 만족할 줄 아는 지혜를 가진 이에게만 주어지는 선물일 테다. 비단, 구걸하는 삶이지만 스스로 선택한 불편은 행복일 테다.

아까부터 피부색이 유독 새까만 한 여자아이에게 자꾸만 시선이 간다. 뼈만 앙상하게 남아 빼빼쟁이 체구에다 맨발이다. 차가운 아침 공기가 부담스러운지 등을 활처럼 웅크린 채다. 내가 다가가 루피를 쥐여 주자 금방 메뚜기처럼 폴짝폴짝 눈빛이 살아난다. 그 아이의 초롱초롱하던 눈동자는 시간이 지나도 내 가슴속 깊은 곳에서 여전히 반짝거릴 것이다.

'싱'은 본국의 거지들에게 차례를 지키라고 타일렀다. 그때마다 빼빼쟁이는 얼른 무릎을 꿇고 앉아 얌전한 염소가, 또 누군가가 루피를 쥐여주면 대번에 행복 버전이 되어 폴짝거렸다.

싱의 말로는 관광객으로부터 얻은 루피가 그들 가족의 하루 생활비로 쓰인다는 것에는 말을 잊었다. 미래를 걱정해 일부러 비축하거나 욕심은 부리는 일은 없다고 했다. 그러니 자연히 영혼은 자유로울 수밖에 없을 것이다. 그렇고 보면 신을 닮은 이들이 모여 사는 인도 땅이라고 표현하고 싶다. 더럽고 구질구질한 그 너머로 행복한 사람들이 사는 땅으로 더 기억하게 될 인도였다.

문득문득 자신한테 부끄러울 때가 있다. 입으로는 봉사, 적선, 보시를 말하면서 머릿속은 늘 산수 시간의 연장으로 지내는 나였다. 욕망과 욕구를 내려놓아야 한다면서도 여전히 인색한 늙은이일 뿐이다. 인도를 여행하는 내내, 알 수 없는 어떤 욕심들이 내 안에서 와르르 무너져 내리는 것을 실감했다.

엘로라를 향해 걸음을 옮기는 버스 뒤로 빼빼쟁이 여자 아이가 한참이나 손을 흔들어 주었다. 나도 양팔을 높이 흔들었다.

길 위의 사람들

"써어까모니불, 써어까모니불….”

몸피가 자그마한 흑인 여자가 목울대를 세워가며 '석가모니불'을 연달아 부른다. 땟물이 졸졸 흐르는 입성에 피골이 상접한 풍채는 남루하기만 하다. 무릎에는 낡아빠진 손풍금을 올리고 능숙한 손놀림으로 연주를 하는 여인 곁에는 막 걸음마를 시작한 갓난아이가 실낱같은 목소리로 "루피, 루피"를 외친다. 이를 볼라치면 절로 한숨이 새 나오고 가슴이 저려 '루피'를 건낼수 밖에 없다.

내가 나가는 절에서 도반들과 '인도 성지순례'차 여행길에서 흔하게 마주쳤던 풍경이다. 사전에 짐작은 했지만, 예상은 빗나가지 않았다. 발길 닿는 곳마다 흙먼지며 거지는 기본이고 동물과 사람이 동급으로 뒤엉켜 대책 없이 범벅이 된 길거리, 인도는 그런 땅이었다. 아직 계급사회가 여전하고 일부 계층을 제외하면 모두 천민신분이고 맨발로 길을 오가거나 궁색한 거지 수준으로 그날그날을 연명하며 만족하고 사는데는 측은지심이 일었다.

태어난 지 얼마 안 돼 보이는 신생아는 길거리에 나앉은 엄마 품에 안긴 채 구걸의 도구가 되어야 했다. 어미젖이 턱없이 적었던지 금방이라도 숨이 멈출 듯 미미한 움직임이 불안했다. 아기는 가는 햇살에 눈이 부신지 실눈에 두 주먹을 오목하게 거머쥐고 위아래 입술을 오물거렸다. 분명히 젖을 달라는 시늉이지 싶었다. 하나, 어미는 오직 구걸에만 온 힘을 쏟았다. 이런 장면에 누군들 루피를 건네지 않고 지나칠 배짱은 없을 게다.

인도는 참 신기한 나라다. 가는 곳마다 이해 못할 장면과 만난다. 아직도 카스트 제도가 여전해서 신분 구분이 뚜렷한 나라로 그 누구도 당연한 듯 순응하며 살아가는 땅이다. 가부장적 제도에 국민 우민화 정책이 굳어져 현재를 받아들이고 내세를 굳게 믿는 백성. 비록 현세는 천민으로 살지만, 착하게 살다가 죽어 다음 생은 반드시 귀족으로 태어난다는 윤회설을 믿기 때문에 삶은 절대 불행하지 않다고 믿는단다.

길거리는 먼지와 소음과 배설물 냄새가 코를 찔렀다. 거리는 소나 개 같은 동물이 주인공으로 활보한다. 거기서 마주하는 사람들의 표정은 순진함에서부터 비참함, 처절함이 뒤섞인 민낯이다. 어쩌면 동물이 더 대접받는 땅이니 '아이러니'라고 표현하련다.

글을 쓰고 있는 지금 또 속이 울렁거린다. 컴퓨터 자판을 치는 내 오른손은 숟가락 역할을, 왼손이 생리현상의 뒤처리를 담당하는 도구인 것을 떠올리기 때문이다. 길가 벌판에서 엉덩이를 다 내놓고 자연스럽게 볼일을 보는 사람. 그들의 손에 든 물통으로 뒤처리는 너무나 자연스러웠으니 말이다.

'후~' 불면 날아갈 것만 같은 푸석한 쌀밥을 카레에다 직접 손으로 섞어가며 먹는다. 밀가루를 반죽해 얇게 구운 '로띠'는 나란히 주식이라서 매일 메뉴에 올라오다시피 했다. 무색, 무향, 무맛인 로띠가 주식이라니…. 도무지 이해가 힘들었다.

무질서가 질서가 되는 사람들 사이로 쓰레기는 미친 여자 치맛자락처럼 풀풀 날렸다. 그래도 '릭샤'(탈것)는 곡예를 하듯 '뿌잉뿌잉' 줄달음치는 정도는 가히 엽기적이었다. 왠지 사람이 살 것으로 보이는 음침한 천막집 안에는 콧수염을 수북이 단 남정네들이 둘러앉아 '짜이'를 나누었다. 이상하게 그런 분위기가 평화롭고 편안하게 느껴지는 건 왜였을까.

노천 식당 앞에 추레한 차림새로 한 사내가 쭈그리고 앉아 사진을 찍어 달란다. 그는 맨손으로 쌀밥과 누런 카레가루를 무쳐 입으로 밀어 넣으며 환하게 웃음 짓는 모습이 퍽이나 행복해 보였다. 그의 표정을 본다면 절대 불결하다거나 싫은 내색은 표현하지 못했다. 무질서를 넘어 거의 혼돈에 가까운 풍경에는 내 남은 에너지를 빼앗기는 기분이 들었지만 말이다. 나는 줄곧 사진을 찍어댔지만, 귀가 찢어질 듯이 울리는 경적이며 매캐한 냄새까지는 다 담을 수가 없었다.

시간이 지날수록 거지를 대하기가 무뎌져가지고 요령을 피우는 방법을 익혔다. 1달러를 10루피 지폐 다섯 장으로 바꾸는 방법이었다. 1달러를 건네던 것을 10루피 지폐 5장으로 바꾸어 5인분을 해결하는 것에는 무릎을 쳤다. 진즉 김 팀장이 귀띔해 주었다면 훨씬 부담을 줄였을 텐데 말이다. 거지들은 관광객이 쥐여주는 수입이 생활비 전부라니 그 비참함이야 더 말해 뭣할까.

일행은 거의 불자여서 찾은 곳이 불교 문화의 흔적이 깃든 장소로 만나는 상대가 수행자나 승려였다. 감색으로 물들인 가사를 걸친 수행자는 가부좌를 틀고 묵언 정진에 든 채였다. 하지만, 실제로 우리가 다가가 루피를 적선하는 찰나 금세 눈빛이 달라졌다. 부처를 알아가는 승려일지언정 어쩔 수 없는 현실이 '루피'인 거였다. 이상한 표현이지만, 수도승이면서 거지가 되어있었던 것에는 씁쓸한 마음이 들었다.

부다가야에서 잠시 예상치 못한 일을 겪어야 했다. 부다가야는 부처가 보리수 나무 아래서 깨달음을 얻은 곳이다. 스피커에서는 은은하게 달라이 라마승의 법문이 흘러나오고 넓은 마당에는 세계 각처에서 몰려든 수행자들이 가부좌를 틀고 앉아 있었다.

모두는 입구부터 맨발이었다. 연꽃 한 송이를 손에 쥐고 차례를 기다리던 중이었다. 난데없이 내 앞으로 승려가 걸어오더니 마른 보리수 잎 한 장을 내밀며 1달러를 요구하는 것이 아닌가. 보리수 잎이 발아래 가을낙엽으로 지천인데 왜 달러를 청하는지가 의아했다. 승려는 다만 신분이 분명한 거지일 뿐임을 느끼게 하는 순간이었다.

현지 가이드 '라지브 싱'은 분명 애국자였다. 한 푼이라도 자국인의 수입을 거드는 데 성의를 다했다. 질서를 지키라며 어린아이들을 줄 세우는 것이며 적당히 거리조정을 해서 우리로부터 미움을 덜 사도록 거드는 것을 알 수 있었다. 콧수염과 눈빛이 강한 '싱'이 고향 형제처럼 거지 아이들을 챙기는 '싱'은 훌륭한 애국자였다.

인도는 정말 대책 없는 나라였다. 낮에는 온 국토가 화장실인 양 노상 방뇨가 편하고 자연스러웠다. 그런 장면이 처음에는 서로 눈치를 보며 수치스러웠지만, 있는 그대로를 보인다는 생각을 하고 나면 이해가 갔다. 여행이 끝나갈 즈음에는 기사가 버스를 세우면 자동으로 길가에서 바지를 내려 볼일을 다 봤다. 체면이나 부끄러움은 오히려 불편한 것이고, 차라리 망가진 '개폼'이 훨씬 자연스럽고 편했다. 결국, 진한 농담까지 주거니 받거니 하면서 볼 일을 다 보고 있었다. 환경이 사람을 변하게 만들었다.

도로 사정도 사정이지만, 나름 잘 관리된 고속도로라고 하는 곳에서조차 충격적이고 엽기적인 일이 흔했다. 신호등이나 횡단보도가 없을뿐더러 성질 급한 자동차의 역주행은 밥 먹듯 했다. 당당하게 경적을 울려서 맞은편의 차를 피하게 만드는 아이러니가 '석가모니불' 정근 덕인지 대형 사고는 없단다. 도로를 달리거나 걷다가 소 떼를 만나면 양보하고, 굉음을 울리는 릭샤꾼의 돌변상황이 간을 붙였다 떼었다 하지만, 하루는 무탈했다. 우리를 태우고 곡예하듯 피해 가는 버스 기사가 존경스러울 지경이었다. 마른 체구를 가진 운전기사지만, 핸들을 움켜잡은 손목 힘은 누구보다 단단해서 천만다행이었다. 아무 탈 없이 다녀온 보름 동안의 여행이 분명 '석가모니불'을 외치던 여인의 염불 덕이었지 싶다.

김잠복 수필집

가족이 있는 풍경

인쇄 2017년 10월 10일
발행 2017년 10월 16일

지은이 김잠복
발행인 서정환
펴낸곳 수필과비평사
주소 서울시 종로구 삼일대로 32길 36(익선동 30-6 운현신화타워 빌딩) 305호
전화 (02) 3675-3885, (063) 275-4000 · 0484
팩스 (063) 274-3131
이메일 sina321@hanmail.net essay321@hanmail.net
출판등록 제300-2013-133호
인쇄 · 제본 신아출판사

ISBN 979-11-5933-119-0 03810
값 13,000원

이 도서의 국립중앙도서관 출판예정도서목록(CIP)은 서지정보유통지원시스템 홈페이지(http://seoji.nl.go.kr)와 국가자료공동목록시스템(http://www.nl.go.kr/kolisnet)에서 이용하실 수 있습니다. (CIP제어번호: CIP2017026414)

Printed in KOREA